笔会十年师友录
凭窗忆语

萧宜／著

文汇出版社

前言

岁月催人老,忽忽就到了把回忆当晚霞的年纪。这一路走来,除了青少年读书时代,值得回忆的,当属在文汇报笔会副刊的那些日子。

在那十多年里,有幸结识了诸多作家、艺术家、文化人,与他们谊同师友。随着时光流逝,他们中有些已经离开了我们,"相继走到了那个长满了野百合花的地方,永远,永远地再也不回来了"。(季羡林《悼邓广铭先生》)退休以后,日有余暇,便写了一点怀念文字,并试着在报刊上发表了几篇。旧日同事见了,倒有兴趣,认为这些材料如若不写下来,就湮没无存了。鼓励说,"可以继续多写一点!"

于是就继续写。积以时日,竟有四五十篇之数。

这就是《凭窗忆语》的由来。

平日交往,也没有特意去记录什么,因之,收入这集中的篇什,不关宏志伟业,只是我日常听到看到,感受到的,诸如他们的个性癖好、人生遭逢、友朋往来、生活日常之类。人生识字忧患始,不消说,也有文化人的家国情怀在。

有位读者看了其中的几篇,留言说,您的文章都要读好几遍,"才能弄明白是怎么回事,觉得如唠家常"。特别让人感动的是,不明白却不放弃,还愿意继续再读,说"读后让人回味"。这是私心想达到的阅读效果,虽不能至,心里是向往着的。写《凭窗忆语》,也就如三二好友,坐在面对有着秋阳冬日的南窗下,喝喝茶,唠唠家常,说说我的平生见闻——那些个行将遗忘的人和事。

萧宜于 2018.1.8

目录

前言 —1

怀念篇

做书人范用 —3
同数晨夕的老友走了 —8
追念蔡瑶铣 —12
宽厚耿介魏荒弩 —17
在罗孚家蹭饭 —20
惊鸿一瞥之间，得窥天机 —24
泥塑神手张充仁 —30
王世襄先生的文化守望 —39
求真尚俭张中行 —45
朴厚最是季羡林 —50
真率谁似黄宗江 —55
又见张抗抗 —60
谭盾与贺老的一次交往 —62
礼贤下士陈市长 —65
刘绍棠，被"神童"所累的作家 —67

人生贵有胸中竹 _69
剑胆琴心一清阁 _72
华老其人 _76
我所认识的赵景深先生 _79
清越可风一叶落 _83
吴冠中先生的心愿 _87
忆沈从文先生 _91
秦瘦鸥与《秋海棠》 _95
不期而遇 _99
在上钢五厂的日子 _103
画外的抒情 _107
繁星入梦正少年 _110
难忘友情 _114
乱世才女传奇生涯 _117
陈逸飞其人其画 _122
相见有缘 _124
又跃新高度 _126
他想画的还很多 _129
她不忘自己的责任 _132

阅读篇

寻觅《干校六记》 _137
读一本关于贾平凹的书 _139
诗意在画外 _142

我读罗步臻 _144

为《菁园漫笔》序 _146

冒效鲁与题画诗 _148

张爱玲何时知乃祖 _150

永恒的瞬间 _154

不意触及两位前辈不快往事 _159

读信的愉悦 _163

关于杂文姓氏之争 _166

再谈《干校六记》 _169

师友信札

孙犁_175/ 柯灵_177/ 吴冠中_180/ 贾平凹_191/
周而复_198/ 冯宗璞_202/ 张中行_203/
唐达成_205/ 钱锺书_208/ 罗孚_210/
季羡林_211/ 金克木_214/ 秦瘦鸥_215/
舒芜_217/ 黄宗江_218/ 舒湮_221/ 赵清阁_225/
王朝闻_229/ 董鼎山_231/ 董乐山_233/
朱雯_235/ 罗洪_236/ 孙淡宁_237/ 许杰_238/
魏荒弩_240/ 邓友梅_241/ 叶秀山_243/
赵丽宏_246/ 陆文夫_247/ 刘绍棠_248/
周慧珺_250/ 华君武_251/ 贺友直_254/
晏明_255/ 蔡瑶铣_256/ 史依弘_257/
谢友鄞_258/ 汪浙成_260/ 王周生_262/
任惠敏_263/ 肖文苑_265/ 孙见喜_267/

伍立杨 _269/ 王进珊 _270/ 谢泳 _272/ 刘江滨 _273/ 陈逸飞 _274/ 沃兴华 _275

你好，萧宜 _277

后记 _280

怀念篇

做书人范用

范用似乎为做书来到这个世上的。他在镇江长大,他家附近有家印刷铺子,成了他常去玩乐的地方。像他那般大的孩子,不是掷铜板,就是打弹子,他不,他在印刷铺子里捡铅字,拾广告纸、小画片。小小年纪,居然对圆盘机、对折机、石印机等印刷机器发生了兴趣,向往着长大了做个印刷厂学徒工。后来终于梦想成真,成了生活·读书·新知三联书店的一员。

对范用,北京文化圈里称他"三多先生",哪"三多"?书多,酒多,朋友多。最近我才知道,这个专利权属张昌华先生。

书多自不用说,他是出版人,阅读不光是个人爱好,也该是他的工作,还能书不多。酒多则纯粹是他个人爱好,据他自己说,这是他外婆教的。他外婆是绍兴人,在镇江做酒生意,常爱喝点酒,也常用筷子蘸了酒让他尝酒味。长大后他又结交了一群酒友,便大酒三六九,小酒天天有了。他的酒,除了自己享用,也是为了招待往来朋友。朋友们坐在一起,边啜边聊,也是风雅之士的一种做派。有次,我和陆灏(安迪)一起拜访他,又不是用餐时间,他就开了一瓶酒请我们。下酒菜是一种臭臭像老豆腐般的物事。听他说是"起司",我土,从来没有听说过,又不好意思问,闷声看他们怎么吃,我就怎么吃。

画家黄永玉画过一幅画,画面上,一位身穿长袍大褂的长者,手执纸扇,足趿拖鞋,身旁是一悬梁小壶,题词:"除却借书沽酒外,更无一事扰公卿"。这是对范用的最好写照。

这幅画,他曾拍成照片,送给朋友,我也得到过一张。画面上,除了题款和"甲子黄永玉作"落款之外,还意犹未尽,又加了一句:"挟书又搧扇,想是喝多了"。原来,此画画成时,范用正好到三里河黄家拜访,黄便把它作为贺岁的礼物送给他。范用很宝爱此画,把它作为贺卡分送亲友。他在照片背面写了这么一段话:"我非公卿,也耽书,也嗜酒,打酒要钱,难买一醉,苟活为上,大可放心。萧宜兄一哂,常乐常寿,新年快乐!范用九五,十二,八"。

至于朋友多就更不用说了,夏公一句话概括,他说:"范用哪里是在开书店(出版社),他是在交朋友。"

关于范用,自然更多的是他做书的事。

在北京,又曾流行过这么一句话,×××是什么话都敢说,×××是什么文章都敢写,××是什么书都敢出。这××,就是指范用。(罗孚《范用温馨的小书》)

范用出书大胆,是因为他爱书,爱写书的人,也源于他的读书理念。他曾创办过《读书》和《新华文摘》,以为读者导览为己任的两本杂志。他在《读书》亮出的读书宗旨是,"读书无禁区"。文章登在当时《读书》首期第一篇。此文一出,有人不愿意,说什么这是提倡大家读《金瓶梅》,是为读坏书开绿灯。但范用顶住各种压力,敢于担当,敢于负责。他在"文革"以后的出版阵地上,慧眼独具,敢吃螃蟹。

"文革"后,巴老巴金先生有《随想录》在香港大公报陆续发表,反思"文革"弊端。有人便对大公报施加压力,企图阻止《随想录》

的发表。时任人民出版社副社长、副总编辑兼三联书店总经理的范用知道后，立即给巴老打电话，请求将《随想录》交三联出版。他向巴老保证，全文发表，一字不改。范用先生胆略由此可见。书出版后，巴老称谢说，这是"你们用辉煌的灯把我这部多灾多难的小著引进文明书市"。

《傅雷家书》的出版也冒一定风险。当时，"右派问题还没有彻底改正，傅聪还戴着'叛国'的帽子，马思聪、傅聪还不敢踏上祖国大地的时候，范用已经为《傅雷家书》的出版而忙碌了"。要说最早推动此书出版的，是老作家楼适夷。

1979年4月下旬，楼适夷赴沪参加傅雷和他的夫人朱梅馥的平反昭雪骨灰安葬仪式，遇到去国二十多年第一次回国为父母尽孝的傅聪。数日后，他们同机回北京，在旅途中，傅聪谈到父亲数年来给他写的家书还都好好保留着。楼适夷是傅雷的老友，他见过傅雷父子的信。1981年他赴沪，正巧与范用同机。他与范谈了傅氏父子的信，范用立刻懂得这批信的价值。他回到北京，设法找到傅敏，希望能把这批信做成一本书。这就是三联出版的《傅雷家书》。此书多次再版，前后销售150万册，成为一本常销书。

我与范先生认识，是他写了一篇纪念他老师陈白尘的文章。他在给我的信中说，"近日赶写怀念陈白尘老师的文章，南京要出版纪念文集。我想请你看看，笔会传记那一版可不可以登一登，因为有五千多字（近六千字），我看传记那一版常登大块文章。"为配合那篇怀念文章，他还寄来了两封陈白尘先生给他的信，以便我发表文章时作插图用。陈白尘先生是我景仰的作家，我在初中时就读过他的剧作《升官图》，能编他的文稿，这是我的幸运。白尘先生的信中，曾透露过自己的写作计划，除了已发表的《云梦断忆》和正在发表的《寂寞少年》外，他还准备"续写《少年行》，写初中读书到

1928年离开学校止,再后写青年、中年以及老年时代,亦即三年流浪,三年狱中生活,上海亭子间,抗战前后,解放后十七年等等……共七八册,形成系列的生活回忆性的(但我避免叫《回忆录》这一名称)散文,算作我对人世的告别"。

陈白尘先生给范用先生的信是1984年9月23日写的,到他1994年5月28日离世,时光过去了十年多,范用先生没有忘记他的老师心中的秘密,他在1995年4月6日给陈虹写信,"几乎是命令般地"给她"下达了任务:把已经写成的,包括写成的和未发表的,都集成一卷,如夏公的《懒寻旧梦录》那样的一本,交付出版……"这就是后来的《对世人的告别》一书。

范用先生的友情,让陈虹十分感激,她说:"范用先生实在太执着了,我不能不为他的赤诚所感动。"她特别觉得,在一切都讲求经济效益的年代,有一个并不向钱看的出版家,更属难能可贵。

书出版后,范用先生又为书的销售操心。1997年6月1日他在给我的信中说:"陈白尘先生在世时,曾经有计划写作一部回忆录,可惜未终篇就撒手走了。遗稿由他的女儿陈虹整理,交三联出版,现已印成,厚达八百四十页,每部定价三十八元,这样贵的书,不作些介绍,恐难销售。我请三联将此书编后记寄上一份请斟酌能否在笔会发表。"范用先生已离开三联多年,照说,他是不必为此费心的。但他念兹在兹:"看到好的稿子,就应该想办法让更多的人看。"正由于范用先生爱书的初心不忘,矢志不渝,他先后策划出版了一批读者,特别是文化人喜爱的书,如:杨绛的《干校六记》,唐弢的《晦庵书话》,杨宪益的《译余偶拾》,丁聪的《昨天的事情》,梅志的《往事如烟》,流沙河的《锯齿啮痕录》,金克木的《天竺旧事》,萧乾的《负笈剑桥》,黄宗江的《卖艺人家》,冯亦代的《龙套集》,楼适夷《话雨录》等等。爱书的文化人对他又是爱又是怨,笑称"范用这个老头策划的书,好像就是冲着我们来的。一套接着一套的买,都被这老头子给搞得快破产了!"

范用先生一生为书,为书一生,写书的人,爱书的人,不会忘记他。

刊 2016 年 9 月 26 日文汇读书周报

同数晨夕的老友走了

7月4日,我一早打开iPad,便见一条微信:施宣圆昨晚不幸逝世。几乎同时,"滴"的一声,又一条同样信息。这让我很惊愕,怎么会,太突然了,一点预兆都没有啊!但这是真的。

我曾经写过一幅字:乐与良友数晨夕。

我是有谈得来的朋友圈的,但真能一起数晨夕,其实只有施宣圆一人,其原因,住得近。也是有缘,我与小施小包夫妇两度住得很近,而且都有十多年的时间。第一次是大家都结婚不久,在虹口区的东横浜路,他住在小包父母家,我住在82弄1号,两家相距不足百米。在"五七干校"时期,我与小包曾同期,记得从干校回沪休息,在报社下了卡车,小包坐在我自行车后座,颠簸着顺道就送她回家。那是"文革"乱世,相互间照顾也有,但往来不多,大家都忙着瞎折腾。

真正一起数晨夕是在大家退休后,我发现我们两家原来住得极近,他家住延安西路南侧,我住延安西路北边武夷路。

当然,住得近也不是主要的,主要原因是,我们二人有共同的经历和爱好。

我们是复旦校友,我读新闻系,他读历史系,先后进报社后,他在评论部主编"学林"副刊,我较长时间在文艺部"笔会"副刊当责编。平时难免有稿件交流,一篇很好的稿子,但不适合自己负责的副刊,又舍不得放弃,怎么办? 我们便商量调剂,使之尽可能见报。记得1989年国庆前,他得到复旦王蘧常先生一篇诗稿。他明知道这"学林"无法用,他实际上就是为我争取来的。王蘧常先生是我久仰的师长,诗共三首,其中一首是对他夫人沈静儒的悼亡诗:"五月十四日葬内子沈静儒于杭州翁家山椒,余以病未能往,诗以记之。三年觅地将同穴,石瘦泉清悭旧盟。撷取塚前一抔土,栽花相对似平生。常言无福到西湖,菖蓿清寒愿屡辜。今日烟霞同供养,却怜谁与话欢娱。"王蘧常先生对夫人的愧疚之情流于笔端:生前常作西湖之游而不得,现在虽然长眠于此,享受西湖烟霞的供养,但谁又能与你说话谈笑以解你的孤寂啊! 王先生的诗,看是平常实辛酸。此诗与另二首一起,以《诗三首》为题,刊登在10月26日的笔会上。原打算,诗发表后即与小施一起去拜访王先生,谁也不曾想到,王先生遽然逝世,以致这天的文汇报版面上两处出现了王先生的名字,新闻版登了王先生的讣闻,笔会上刊出了他怀念夫人的诗。

还有一事让我不能忘怀,一次,在食堂用餐与宣圆坐一起聊到了顾廷龙先生。其时,顾先生住在北京,他正好要给顾先生写信。我即请他为我为向顾先生求幅字。他问我写什么? 我写了"浓处味常短,淡中情独真"一纸给他。过了一段时间,他就把顾先生的字幅给了我,写的篆体,还落款称:"明洪应明名应明,字自诚号还初道人,有仙佛奇踪一书。丁丑三月,萧宜先生雅命,顾廷龙,时年九十四。"

这字句当时我是凭记忆写的,其中一字有误,"情独真"应为"趣独真",是我一时疏忽。怕顾先生受我影响,心中一直忐忑不安,谁知顾先生字幅依洪应明《菜根谭》,一字不错。心中想想好笑,像顾先生这样的大学问家,对于这些名句,是无不烂熟于胸的。

施宣圆性格开朗,交友甚广,给人的感觉是个大而化之的人,实际上做事十分认真。我曾听周尊攘说起过对他的印象,他们曾一起在文汇报北京办事处工作过一段时间。他说,小施平时像不甚上心,但一旦着手一件事,就能一门心思,心无旁骛,直到做完为止。我想周的评价是对的,否则,怎能不时有一篇篇文章在报刊发表!

我平时也写点文章,但都是短篇散文,记人记事。有一次我根据复旦同学陈克澄父亲的事迹,写了一篇较长的文章,他知道后,答应介绍给《档案春秋》杂志的陆其国。我当时还没用电脑,他说他帮我发。那天我与他一起,在他的书房,看着他耐心地把文稿输入电脑,又把照片一幅幅编号发给了小陆。后来这篇文章以《栖霞山麓的诺亚方舟——记南京大屠杀中的江南水泥厂难民营》为题,作为"纪念南京大屠杀70周年"专稿发表于《档案春秋》2007年12月号上。

后来,施宣圆对书法发生了兴趣,参加了报业集团书画社,我们又成了书画同道。老年学书,也就是图个自娱自乐,并没有什么追求,但我们又有了新的话题。我们一起参加报社的书画活动,一起参观书画展览,或一起到天山茶城画廊串门访友,又或者在家研墨切磋。我们最常去的地方是凯桥绿地和天山公园,在那里,我们边赏花草,边闲聊,有说不完的话。有时电话约定了时间,我晚到一会,他就不耐烦,威胁说,我最讨厌人迟到,再迟到,我要骂人了。当然,他也是说说而已,他怕失去我这个对话搭子哩!

如今，我独坐在天山公园我们曾经一起坐过的椅子上，望着面前一片湖水，心里未免空落落的，想着共数晨夕的老友，他是真的走了，再也不会来了。

刊 2016 年 8 月 15 日文汇报

追念蔡瑶铣

与蔡瑶铣相识于"文革"时期,她当时在样板戏《海港》剧组,饰演方海珍,李丽芳是 A 角,她是 B 角。我因工作关系,经常要去上海京剧院采访。那时京剧院有几个群众组织,其中,高义龙、王家熙他们这个组织看问题比较客观,我与他们也比较熟,所以与他们接触比较多。蔡瑶铣与他们是一个组织,有时要了解样板戏剧组的情况,便也常找她。后来她去了北京,我们便失去了联系。

再次见面是"文革"后。1991 年 4 月,为祝贺俞振飞先生舞台生活七十年暨九十寿辰,上海举办一系列演出活动。她回沪为俞校长祝寿,并参加演出。一次在上海艺术剧场(即今兰心剧场)与她相遇,于是重续旧谊。

当年我联系的作者大多在北京,其中也有她为我介绍的几位,像陈啸原先生便是。她在 1991 年 12 月 31 日给我的信中说:"那天我给你提到的朱家溍和陈啸原老先生,我已都和他们打了招呼,他们都愿意为笔会写文章。"她并告诉了我他们的电话和住址,以便我直接和他们联系。原来陈啸原先生的夫人陈颖是北京昆曲研习社的负责人,他们一直有往来,十分熟稔。于是我也成了他们的朋友,我每次去京,都会约了相聚。

有次，我建议她写写自己的艺术经历，她告诉我，有的她已着手进行。她谈到了为毛主席录制古典诗词和戏曲唱词。

原来，她1975年突然离开《海港》剧组去北京，就是因为这事。

那年2月，领导突然通知她去北京有任务，与她同去的还有上海民族乐团的闵惠芬。她们起初不知道是什么任务，只知道很光荣，但要绝对保密。蔡瑶铣回忆说，她同闵惠芬到了北京，被安排在和平宾馆住下，然后学宋词，有专门的人给她们讲解，闵惠芬则要用二胡演奏唱腔。教唱的是李慕良先生。她们演唱的第一首词是宋代洪皓的《江梅引》。全词有四首，由傅雪漪先生配曲。第一次录了其中一首《忆江梅》，录完后送上面领导审，得到了领导的肯定和夸赞。以后演唱的人员又有增加，如岳美缇、计镇华、杨春霞等都参加了。

他们录制的宋词有岳飞的《满江红》(怒发冲冠)，苏轼的《水调歌头·丙辰中秋》，陆游《卜算子·咏梅》，辛弃疾《水龙吟·登建康赏心亭》《破阵子·为陈同甫赋壮词以寄之》《水调歌头·舟次扬州和人韵》《南乡子·登京口北固亭有怀》，陈亮《念奴娇·登多景楼》，李清照《声声慢》，李煜《临江仙》，吴潜《满江红·滕王阁》等等，还有昆曲唱词和白居易的《琵琶行》。每次录制送审后会有反馈意见，有时一首词会由几个人分头演唱。一次，在传达领导意见时说，毛主席听了你们的词曲，听了岳美缇的唱，听了蔡瑶铣的唱，说好像觉得岳美缇比蔡瑶铣大两岁！他们这才知道他们录制的词曲都是送给毛主席听的，大家非常高兴。听到毛主席说"觉得岳美缇比蔡瑶铣大两岁"时，大家都笑了，蔡瑶铣连连说："对对对，岳美缇比我大两岁。"原来蔡瑶铣生于1943年，岳美缇生于1941年，两人恰是相差两岁。

还有一首词,毛主席特别爱听,并作过改动。这就是张元幹《贺新郎·送胡邦衡待制赴新州》。这首词是这样的:

梦绕神州路。怅秋风、连营画角,故宫离黍。底事昆仑倾砥柱,九地黄流乱注?聚万落千村狐兔。天意从来高难问,况人情老易悲难诉!更南浦,送君去。

凉生岸柳催残暑。耿斜河、疏星淡月,断云微度。万里江山知何处?回首对床夜语。雁不到、书成谁与?目尽青天怀今古,肯儿曹恩怨相尔汝?举大白,听金缕。

这首词毛主席听过多遍,后提出要改词,把"举大白,唱金缕"改为"君且去,休回顾"。在一次传达时,江青说:"这是毛主席改的,为我改的!"于是改了又录,录了再送。据毛主席身边的工作人员说,毛主席又多次听过那段录音,时而躺着,时而以手拍床,击节咏叹。想当年,"文革"乱局难收,国情堪忧,年老体衰的他,眼已近失明,他心中的悲凉,与谁人诉说!目尽青天怀今古,这首词正说出了他当时的心境,所以翻来覆去,听而不厌。后董老逝世,更增加了他的感怀和悲伤,"君且去,休回顾",正是对老战友的送别和悼念。不知与江青所言,有何相干!

蔡瑶铣、岳美缇、计镇华、杨春霞、方洋等用昆曲曲调录制的古典诗词,和戏曲唱词,其曲调是根据清代的曲谱重新编配的,它保存了一份珍贵资料,十分难得。这也是蔡瑶铣他们,包括编配词曲的傅雪漪,教唱的李慕良为此所作的努力和贡献。那经典的诗词,凄美的唱腔,听着让人平添几分悲凉和惆怅!

蔡瑶铣是文化部振兴昆曲指导委员会委员,她为传承和弘扬古老的昆曲艺术尽心尽力,做了很多工作。她提出昆曲进校园的倡议,她自己经常到清华、北大给学生讲授,教他们演唱。她还走出国门,向外国学生传授昆曲艺术。

1989年1月,她受柏林高等艺术学院戏剧系邀请,参加了一次有益的尝试——中西方艺术相结合的实验演出。他们把莎士比亚的作品选场,和汤显祖作品的选场编排在一个课题里,分"春、夏、秋、冬"四个部分。这样做,是因为两位戏剧家属同时代人,他们的作品都是通过幻想和梦境来反映人们对美好理想的追求。《春》《秋》选用汤显祖《牡丹亭》中的《惊梦》《离魂》《冥判》《还魂》等场,而《夏》《冬》则选用了莎士比亚的《仲夏夜之梦》和《冬天的故事》选场。

为了让德国学生能了解《牡丹亭》的剧情和人物,蔡瑶铣给他们讲故事情节,讲人物,为他们设计舞蹈动作和各种身段,一招一式教他们,还表演《牡丹亭》选段给他们看。经过排练,演出大获成功,戏剧系露特·梅尔钦教授非常满意,她紧紧拥抱蔡瑶铣,憋半天说了一句中国话:"蔡瑶铣,好!"

看了他们的演出,学院专门为她举办了两次表演讲座。讲座十分受欢迎,前来听讲的,除了学院师生,还有媒体记者。电视台还录了像,在新闻节目里作了报道。最后一周还举办了培训班,参加的人十分踊跃,一再突破规定人数。学院怕她太劳累,她却把这看作是弘扬昆曲艺术的好机会,自己再辛苦也乐意。

我与她最后一次相晤是2002年4月上旬,在陈颖先生家。

陈啸原先生过世后,陈颖孤身一人,又没有子嗣,我去北京,总约蔡瑶铣去看望她。那次,上海昆曲票友孙天申先生也在,她带了很多上海糕点给陈先生品尝。大家很愉快,一起照了很多相。那天,陈颖家的小白(一只白猫)见了那么多人,也显得特别高兴和乖巧,一会儿趴在我身上,一会儿蹲在蔡瑶铣腿上。大概觉得与我们还比较熟吧。

　　以后我就很少去北京,有时通个电话,或者新年寄个贺卡。但与蔡瑶铣却长久联系不上。直到2007年1月31日,同陈颖先生通电话,才得知蔡瑶铣不幸病逝的消息。原来蔡瑶铣患胰腺癌,病中,陈先生到医院看望她,担心她受不了那治疗的痛苦,蔡却告诉她说不痛。"她身上插着那么多管子,怎么会不痛呢!"陈颖说这话时流露出怀念之情,我们深深为她的早逝叹息,她还只有六十二岁啊!据说在病中,她还念念不忘剧院青年演员的培养和建设昆剧小剧场的进展。

　　故人犹如庭中树,一日秋风一日疏。2005年11月30日,蔡瑶铣匆匆走完了她的人生之路,告别了她的昆曲舞台,告别了热爱她的观众,走了;留下的,是台上的百转千回,是她演唱的流淌在空中的委婉优美的古曲之音。

刊2016年7月3日东方早报

宽厚耿介魏荒弩

魏荒弩先生是位谦谦君子,待人宽厚,为人耿介。我最早知道他,是晏明先生介绍来他的文稿《缅怀诗人蒂克》。

荒弩先生早年编过《枫林文艺》《诗文学》《诗文学丛刊》,解放后任北京大学教授,主要从事苏俄文学的教学和翻译工作。译著有《爱的高歌》《捷克诗歌选》《伊戈尔远征记》《俄国诗选》《涅克拉索夫诗选》《涅克拉索夫文集》等。晚年出版过《隔海的思忆》《渭水集》《枥斋余墨》《府藏胡同纪事》等散文集。

他是1989年离休的,离休后不甘心过无所事事的生活,便开始写怀人忆旧的文章。《缅怀诗人蒂克》就是其中的一篇。蒂克本名考绍绪,山东潍县人。他夫人殷平,上海人,娇小文静,爱写诗。出于爱国热情,殷平解放不久便参了军。但为了躲避一场灾难性的个人纠缠而又离开了那里。荒弩先生回忆当年情景时说,一个周日的下午,蒂克和殷平突然来访,说明情况,要求让殷平在这里暂住一段时间。这就是说要"窝藏"一个"逃兵",兹事体大。但凭侠肠,为友情,荒弩先生没有多想,就答应下来,并立即安排房间让殷平住下。

荒弩先生当时住府藏胡同,一个只有三个门牌的小胡同。这里远离尘嚣,人迹稀少,还真是个避难的好地方。在一个多月时间里,蒂克时不时来探望,有时还有端木蕻良和方成一起来。直到事情过去,殷平到北京日报工作时才离开。

这篇文章经我编发,于1990年6月28日刊于《文汇报·笔会》。由此,我便也认识了蒂克在上海的三位女公子,日后还成了朋友。其大女儿考萍萍爱写诗,便也成了笔会的作者。

荒弩先生与沈从文先生相识于四川呈贡。那时他是东方语专教师,是沈从文小说的热心读者,因仰慕而专程去访问在联大执教的沈先生。此后他又爱上了沈先生的字,并由朋友代为求得一个条幅。这个条幅他珍藏几十年,直到"文革"被抄出焚毁,让他心疼不已。

"文革"后,劫后余生,二人重又相见,谈起"文革"往事,魏先生说到了那幅被毁的字,深感惋惜。沈先生说,"烧毁了,不要紧,我再给你写!"过不几天,果然收到沈先生给他写的条幅,都是沈先生所写的旧体诗,行体书写,有很浓的书卷气。这幅字常挂在他展览馆路寓所书房,旁边并列挂着茅盾先生的一幅字。

以后,魏先生便经常能得到沈先生的墨宝。但与荒芜先生,他就不能与之相比了。这事说起来,也是魏先生的太过谨慎,错失了良机。

1977年的一天,魏先生去看望沈先生,恰巧沈先生刚将一部《毛主席诗词》抄录完毕。所用都是老纸,是工作中用剩下来的,大不盈尺,约有几十张,装在一个鼓鼓囊囊的牛皮纸袋里,他对魏先生说:"全部毛主席诗词,你拿去吧!"遭受过反胡风和反右派两次劫难和"文革"冲击,心有余悸的魏先生犹豫了。他想,"这等伟大圣物,倘一时保存或处理不当,说不定还有招来横祸的可能。"后来,这些字就到了荒芜先生手里。所以有次沈先生对魏先生说,

"送你的字不少了,但以你的兄弟荒芜所得最多,他把我字纸篓里的废纸都捡走了!"

荒芜姓李,原名李乃仁,安徽省凤台县人。二十世纪三十年代毕业于北京大学,参加过"一二·九"运动。他毕生从事美国文学研究和翻译工作,长于散文、杂文,晚年钟情于旧体诗。在中国诗坛上,他的旧体诗占一席之地。1987年冬我访问沈从文先生,就劳他的引见。那时,我与他也是初次见面,听说我想拜访沈先生,他即热情联系,约定了日子,又大老远的从天坛东里住地赶到崇文门来,可见他为人的热心。

有段时间我编《笔会·艺谭》,魏先生知道后,便想方设法予以支持。他搜索枯肠,寻找适合《艺谭》的题目,比如《秋菊图小记》便是。那是1954年梅兰芳先生六十大寿,蒂克要为北京市文联向齐白石老人订购国画作为寿礼,同时代他和王亚平各订了一幅。当时一张三平尺的画,他付润笔费三十六元。他在来稿时附信说,文章"写得不好,如觉得不及格,就请扔进字纸篓吧!"他说之所以把它寄来只是表示一点支持之忱。他的友情令我感动和难忘。

为了支持我,他还介绍他的一位晚辈与我认识,他的这位晚辈叫李付元,是吴冠中先生的学生。通过他,我联系上了吴先生,吴先生便成了笔会的重要作者,我们之间也建立了很深的友情,相互交往长达二十多年。

我退休后,那时魏荒弩先生仍继续不断给文汇报写稿,时不时能见有他的文章在笔会版发表。

刊2016年3月27日东方早报

在罗孚家蹭饭

那天,去舒湮家,正好罗孚在,便相互认识了。

这之前,舒湮向我介绍过他,知道他原名罗承勋,因事羁留北京,现名史林安,写文章是好手快手。舒湮让我向罗孚组稿。

罗孚蛰居北京期间,开始很少与人交往。他立了个原则,人不找我,我不找人,人若找我,我才找人。这是指他原来的熟人,"因为来北京以后,我不知人家愿不愿意保持和我的交往"。

他和舒湮的交往就是这样。舒湮抗日时期就为罗孚所编的副刊写过文章。他们同住在双榆树南里,罗孚是知道的,但罗孚按例不去打扰,舒湮就不知道自己早年的朋友临时落户于此,成了他的邻居。是陆铿从香港到北京,当面取得时任安全部长凌云的同意,在去看罗孚时,才把他们二人找在一起。

就在和罗孚相识的那天,我在他家蹭饭。

先是舒湮留我,说,我家今日吃面,就留下一起吃!罗孚说,我家便饭,不费事,就上我家吧。我想到罗家看看,便说,那我上罗先生家吧。

双榆树南里有一区二区,他们同在二区,舒住12号楼,罗住13号楼。跟着罗先生来到13号楼,上了四楼,就到了罗先生的家。

罗夫人原准备两个人的饭,我一去,自然就显不够。我那时五十多岁,就说,我牙好,把锅底给我吧,我爱吃锅巴!这天就把罗先生家的这锅饭吃了个底朝天。

罗夫人原来在香港文汇报副刊部工作过,与秦老秦瘦鸥共过事。他们是前辈,但因为是同行,谈话就少了拘束。他们的邻居中,有不少是文艺圈中人,说起来,有许多趣事。他二楼是京剧演员刘秀荣、张春晓夫妇,五楼是宁夏京剧团团长李鸣盛,他们常要练嗓,练起嗓来,上下齐鸣,罗孚身处其中,也算耳福不浅。

侯德健、程琳这对音乐恋人当年红极一时,他们与罗孚做了两年邻居而浑然不知。一次回香港,才听说他们原来住在同一个楼。返京后,问居委会香港来的一个姓罗的,居委会的人说:"也许就是那位史老头。"告诉了门牌号让他试试看。上得门去一看,果然。这对香港朋友才在北京相逢。

就在侯德健受伤住院那次,另一位邻居、歌唱家毛阿敏还受过一次骗。那个骗子趁程琳和她妈妈不在家,敲开了对门一家的大门,说侯德健在医院动手术,让他来家取钱,程琳又不在家,能不先借些应急。对门住的是位画家,回答很巧妙,说,由我们自己送钱去医院吧。那骗子碰了个软钉子,不甘心,又敲了另一家的门,开门的是毛阿敏,她是个直性子,也没有多想,就给了他数百元钱。事后才知道受了骗。

后来北京的朋友圈都知道罗孚的消息,都愿意"保持和他的交往",他也忘了"人不找我,我不找人"的原则,旧雨新知走动起来。有一次,罗孚与范用一起去钱锺书家。钱锺书八十大寿,他们带了鲜花去贺寿,结果只见到了杨绛,而钱锺书不见客。这事在舒湮看来,好意讨没趣,煞风景得很,所以有次他见了我忍不住一五一十说给我听。

这事罗孚在文中有过描述。他说,这是他第二次去钱家,"那是1990年的一天,那天是钱锺书的八十大寿之日,我只带八朵玫瑰,以一当十祝八十大寿,和范用同去。女主人出来接待,坦率告诉我们,钱先生太累,早一日已经累了一天,需要休息,只好任何人都不见了。我们当然理解,祝贺一番即退。"(中央编译出版社《北京十年》)由此可见,罗孚去过钱家两次,这次只见了女主人杨绛,贺寿没有见到寿翁。这之后,罗还曾动过去钱家的念头,是想把前一次为钱、杨拍摄的照片送给他们,但"后来还是打消此意,托我儿子在英国留学时的一位同学替我转去了。这人留英时认识钱家的女儿钱瑗"。我想他所以打消此意,原因应该与贺寿不遇有关吧。

对钱锺书先生我是很崇仰的,但他的清冷、孤傲未免使人有难以理解的地方。王继如先生有段话就委婉地表达过这样的意思。1987年华中师大欲为钱基博百年诞辰开个纪念会,钱锺书先生对此表示不赞同,说了六个"不"字。王继如先生说:"这个六'不',当时固作为美谈,但是否也反映钱氏的冷嘲风格,有如《围城》的冷峻甚或刻薄?一些学人心中恐怕也不是没有这个疑问的。"这里所说的六"不",即钱先生认为,开名人纪念会,"招邀不三不四之人,谈讲不痛不痒之话,花费不明不白之钱。"于是这百年诞辰纪念会自然只能不开,而以出一个纪念特辑代之。

罗孚给我的信,留存手头的有两封:一封是他为我争取到夏衍先生的一篇文章《怀曹聚仁》,并为自己因事忙不能给我写稿道歉;另一封,是他让转一封信给秦瘦鸥先生。之前我告诉秦老我见到罗孚的事,秦写过一封信给罗。那封信罗一时找不到,当时也没有记下地址,写的回信无法投邮,便让我转交。两封信,一封署名史林安,一封署名柳苏。他的笔名,都有说道。史林安,是落户北京时的大名,何意,他自己也没深究,朋友说了,这就是临时安排啦。于是，黄苗子、郁风就唤他史临安。临安，是南宋偏安时的杭州。由之，罗孚率性请人刻了一个闲章：临安史复，权当一名西子湖畔人。史复，罗孚，都是他抗战时用的笔名，崇尚罗斯福的意思。后来不知是谁揣摩出了，原来，史林安取402的谐音。402，史林安，一个门牌号。

这柳苏，集柳宗元、苏东坡于一身。别人问他，他说他岂敢。原来是取其贬谪之意，前者曾贬谪广西，后者曾贬谪广东。他说这名字是他夫人取的。

1993年，罗孚结束十一年谪居生活，从北京回到香港，告别了柳苏，用罗孚登记了身份证。在北京时，郁风把他的名字错写成史灵安，错得离谱，罗先生还风趣地自我调侃一番。如今，罗孚先生，还有曾敏之先生，这对香港报人、作家两栖型双子星，以及黄苗子、郁风夫妇已作古，祝他们灵魂安息！

刊2015年8月3日文汇读书周报

惊鸿一瞥之间,得窥天机

舒湮姓冒,原名冒效庸,本名冒景琦,字孝容。舒湮是他的笔名。

说起来,他三哥冒效鲁还是我大学时的外语老师。我们在复旦时,冒效鲁老师教过我们一年俄语。1958年他支援安徽大学,去了合肥。

与舒湮相识要在三十年后。与他相识的经过记不起来,应该是我先去他双榆树的居所拜访,然后书信往还。我去北京,他也是必访的作者。

冒家是江苏如皋名门望族,舒湮的父亲冒广生(鹤亭)是清末民初著名学者,著述宏富,与政界要人、社会名流、书画家、文化人多有交往。他的先祖是明末四公子之一的冒辟疆(襄)。

舒湮早年先入东吴大学,后毕业于暨南大学政治经济系。他博闻强记,多才多艺,曾蜚声文、剧、影坛,不料他却主要服务于金融界。解放初,他被南汉宸聘为中国人民银行专门委员,与章乃器、沈致远、千家驹等同为人民银行顾问。

他最初以剧作家的身份为人熟悉。上世纪三四十年代,他创作了多种抗日话剧剧本,有《正气歌》《精忠报国》《梅花梦》等,最为人熟知的当为历史名剧《董小宛》。董小宛是明末清初南京夫子庙的一名艺妓,她与冒辟疆的爱情故事,历来传说纷纭,乖违事实。舒湮把此才子佳人的凄美故事,演绎成一曲颂扬民族气节的爱国主义篇章,也为先人冒辟疆、董小宛澄清民间不实传说。

此剧于1944年1月25日在重庆抗建堂剧院公演,引起注意,好评如潮,轰动一时。饰演董小宛的是重庆四大名旦之一的秦怡,她的先生陈天国饰演冒辟疆,名演员杨薇演柳如是。1957年仲夏,当周恩来总理见到舒湮时还曾提到:"你写的《董小宛》,在重庆轰动一时。"并关心地问:"你现在还写什么作品?"舒说:"我现在不搞文艺了。过去写的剧本,早已完成历史使命,过时了。"周总理还鼓励他:"《董小宛》何妨改一改,再拿出来。提倡知识分子要有骨气,不为墙头草,在今天仍然是需要的呵!"曾彦修先生在1990年发表的一篇文章也曾提到,说他当时读了《董小宛》"很受感动。深觉那个剧本充满爱国主义热情,忠奸黑白,格外分明"。

1938年,舒湮受邹韬奋委派,以《抗战》三日刊记者身份赴延安采访,写过《战斗中的延安》《万里风云》等热情歌颂延安的访问记,引起很大震动。在延安期间,曾与江青不期而遇。舒与唐纳、江青早年都是熟人,此时相见,江青"很激动,一把抓住我胸口衣襟,说:死鬼,你怎么也来了!不要走,我们留下来一起干,怎么样?"舒湮自然没有留下,他1942年任重庆新民报晚刊《电影与戏剧》编委,发表了很多影剧评论。这一时期的记者经历,养成了他关注时代风云的习惯。

他曾给文汇报"笔会"写过一篇日军攻占南京,屠杀我军民同胞的回忆文章。这篇文章就是因为他在一个偶然的场合遇见唐生智,便不失时机进行了采访。

那是1957年,"暮春时节,先君冒广生(鹤亭)来京,程潜(颂云)丈设宴为之洗尘,我陪侍在侧。座中作陪的恰巧有唐生智丈"。

舒湮出于新闻记者的职业习惯，当然不会错过这大好机会，了解南京保卫战的实情。冒广生与唐生智是初次见面，经程潜介绍，冒对唐拱手道："久仰英麾，不期于此幸会。湘军自曾文正公以来，代有名将，世称'无湘不成军'啊！"唐生智答称："我是败军之将，不可以言勇，既愧对先贤，也对不起举国父老与死难袍泽。鹤老是词林祭酒，名扬海内，是我的前辈，相见恨晚了。"这恰给舒湮一个提问的机会，他便乘机说："老伯请恕小侄鲁莽。我有一事请教。"他开门见山提出了当年南京的事："一时传说纷纭。老伯从未表白，必有难言之隐。现在解放了，应无顾虑了。如老伯不说明究竟，历史上的谜团将永无由解。"

淞沪会战后，南京几成危城，惟唐生智一人力主固守，主动请缨，担此重责。最后孤城难守，落入敌手，三十万军民同胞惨遭日军屠戮，唐受非议，也很自然。而就唐这一方面，独力支撑，所率领部队又非自己部下，不消说，也有难处，但又不便自己说，不得不回避道："自己的事由自己的嘴说，不如从别人的口中讲的好。"经舒湮请求，唐便把冒父子领到一旁，把当年蒋介石两天内连开三次军事会议，商讨南京战事决策，以及决定固守却又无人担任总指挥等情况一一抖落了出来。唐生智借此机会，一吐心中块垒，所以他不顾程潜一再催促开席，继续说完了他该说的话。最后检讨说："总之，我是指挥无方，措置失当，使十万守军陷于敌手，生还者无多。我罪责难逃。自告奋勇，自投罗网，自取其咎。"

这篇文稿原是作南京大屠杀六十周年祭用，于1997年12月20日寄我，因事涉历史，我便请同事、报界前辈谢蔚明先生过目。谢时在南京，参加南京保卫战。根据谢的意见，舒湮又找时在南京大本营本部的文强先生访问，又参阅当年参战将领遗著，如此往复周折，直到1998年5月31日才在文汇报"笔会"刊登，题为《历史的唏嘘——记六十年前的沉痛往事》。作为当年南京保卫战总指挥谈亲身经历，这是首次发表。

记得他的另一篇写他亲历的往事，也是发生在1957年。原来这一年，他们冒家长孙冒怀辛考取中国社科院历史研究所研究生，祖父冒广生以八五高龄之身，陪同赴京，在京盘桓达半年之久。在此期间，冒老先生应陈毅之请，撰写《对目前整风的一点意见》一文，在人民日报发表。毛主席见后，邀老先生相见。会见地点在中南海游泳池旁毛主席夏令办公休息的帐篷中，交谈约一时许。谈话涉及历史往事，对诗词格律的看法，也谈到了当时正进行的整风情况。老先生说，国家有道，则庶人不议，人民敢说话是好事，不因其语近偏激而以为忤。毛泽东表示，言者无罪，闻者足戒，这方针一定不变。临别之际，冒老先生引用佛经故事，说狮子是百兽之王，什么猛兽都不怕，只怕自己身上长虱子，共产党是狮子，不可自己生虱虮。虱虮虽小，害莫大焉。毛表过谢意，说一定牢记。

这次会见，多年后被舒湮写入他的一篇文章中，给人印象至深。因为在这篇文章中，舒湮一语捅破天机。当宾主纵论词章，谈笑风生之际，这位不安分的世家公子，无意中窥见一个天大的秘密：邻座者手握毛批改得密密麻麻的一叠文稿，标题是"文汇报的资产阶级方向……"。

会见的日子是1957年6月30日夜里，据冒广生写给上海家中的信："卅日，我已上床睡（九时），西河（清代学者毛奇龄号名，影射毛主席，亦是一种尊称）派一秘书，以车来接，我携琦同去。"（《冒鹤亭先生年谱》）第二天（7月1日），舒湮所见的《文汇报的资产阶级方向应当批判》那篇文章，作为人民日报社论刊登出来，石破天惊，犹如一篇战斗檄文，吹响了反对"右派分子"的号角。一时风向大变，形势急转直下，于是风暴雨骤，叶落花谢。幸冒老先生得以身免,而舒湮则遭丁酉之灾,被发配外地卖苦力,从此破帽遮颜度日月。

这里还有一个颇有象征意味的细节。那日,毛主席亲自送冒氏父子上车,毛主席用手为冒老先生遮挡车门框,叮嘱"小心脑壳"。近代史学者章立凡和舒湮开玩笑说,"那日有主席以巨手保护,鹤老先生没碰头,可舒老您就碰头了!"他问舒湮:"当时您怎么会注意到那篇文章?"舒湮回答说,"我是新闻记者呀!"

舒湮先生是做过记者的人,职业习惯使然,自然是极敏感的,他于惊鸿一瞥之间,得窥天机,但这股火竟殃及自己,这是他万万没有想到的吧!

舒湮先生交友甚广,"人生契交无老少,论交何必先同调",他喜欢与各式各样的人交朋友。其中有些是有着特殊经历的人,如张玉凤就是。他认识张玉凤时,张已退休,其所住一套三居室的房子,是她结婚时分配到的。室内有两只从中南海搬来的旧书橱,是毛主席送给她的结婚礼物,也是主席留给她的唯一纪念。谈起复归平常后的张玉凤,他赞赏有加。说她虽年过半百,但保养得很好,皮肤白皙,穿着得体;待人随和亲切,言谈举止落落大方,十分自然。他赞她很有悟性,善与人交流,尊敬老人,也很会照顾老人。

不管怎么说,返璞归真后的张玉凤,和陪侍在毛泽东身边的张玉凤自然不可同日而语,但舒接触到的张玉凤身上,毋庸讳言也有着尊敬长者的朴素情感。

舒先生是1999年他八十五岁那年逝世的,逝世前,他还不忘写信给他的一位年轻朋友,嘱他沉潜下来,做两件事。一是读完《鲁迅全集》,做些辑佚勘讹工作。二是对农民起义的研究,剔除"左"的东西,还历史本来面目。其时他已无法执笔,信是由他口授,让小保姆帮助写的。他嘱咐的两件事,我想也是他想做而没能做的,因为他对农民起义的评价一向有自己的见解。他认为,"未改变生产关系,结果是'以暴易暴''彼可以替而代之'也!如李自成、洪秀全之徒得志后的荒唐腐化,可知。""我对曾、左、李也有看法,以为往者全盘否定是过左了。"(1994年8月28日给笔者的信)他表示"视将来有暇或为文叙述个人见解"。可见他自知无力完成,希望后来者能接棒。老人自觉的文化担当,让人感佩!

那年,我已退休,不常去报社。4月26日,我有事与刘绪源兄通电话,他告诉我舒湮先生逝世的消息。因他也是文汇读书周报的热心作者,刘说要在周报上发一短讯,以表悼念。

后来了解,老人走得很安详。逝世那天下午,他饮了一杯牛奶,坐在藤椅上小憩,小保姆出去了一会,回来时发现老人已经逝世。我想,能这样告别人世,也是他的造化。

刊 2015 年 5 月 17 日东方早报

泥塑神手张充仁

1983年7月的一天,上海美术馆毕加索画展开幕式上,当有人介绍一位瘦小的老人给玛丽·贝克纳达克时,她惊呼道:"您是'中国张',整个欧洲都认识您哩!"贝克纳达克是法国研究现代绘画的博士,久仰"中国张"的大名。她没有想到会在这里与之相遇,她久久地握着这位老人的手。

这位老人就是雕塑家张充仁。

如今知道张充仁的人已不很多,但在欧洲,知道张充仁其人者却比比皆是。当1981年3月张访问比利时,比利时热烈欢迎,就像欢迎一位国家元首。从他在北京登上国际航班的那一刻起,比利时国家电视台立即跟踪即时报道。一进入欧洲,改为每隔半小时播报一次;飞机进入比利时国境,几乎每分钟连续不断发布消息。受此待遇的艺术家,除他之外,不知曾否有第二人。据法国文化部估计,全世界说法语的国家中,知道张充仁名字的约有10亿人。

一

我是1962年认识张充仁先生的。当年我在文汇报笔会工作,曾去过他画室。画室设在合肥路一个里弄的二层楼房子里。进门是一个天井,里面摆满他已完成的雕塑作品。见面时的情景已全无印象，但为他的一具雕塑作品写过一篇小文章。

再次与张先生见面已是三十年以后，1992年深秋的一天。仍在合肥路的那所房子里，我们作了半天长谈。屈指算来，又二十年过去了，我却没有动手写过他。

去年（编注：2014年）10月21日，去上海油画雕塑院展览厅参观了他的文献展，觉得有必要为他写一点什么，因为他说的有些事情，就我所见到的材料，似还未曾有人涉及。

张充仁，1907年出生在上海徐家汇一个天主教徒家庭，父亲张少甫是木雕艺人，母亲是绣花女工。张充仁耳濡目染，小学时就显示出绘画天分。1918年获类思小学绘画比赛第一名，1921年进土山湾画馆学习照相制版。土山湾画馆创立于同治初年，是我国最早传习西洋美术的场所，培养宣传外国宗教的绘画和雕塑人才，学员主要来自土山湾孤儿院内具有美术天赋的学童。辛亥革命后，画馆成立工艺部，设雕塑、油画、金工、木工、装帧等部门。在这里，张充仁跟修士安敬斋学习素描和法语，同时随太外公学习书法和古文。由于他的勤奋好学，他的书法绘画进步很快，并得到展示机会。他为天主教教友书写圣名，为徐家汇话剧团绘制布景，还为徐家汇天主堂历任院长绘制肖像（油画）。

1931年，二十四岁的张充仁在义父母谭容圃夫妇资助，和太外公马相伯支持下，只身来到比利时，考入布鲁塞尔皇家学院油画高级班，师从巴斯天教授。因绘画成绩突出，他获得中比庚子赔款助学金。他的油画作品《凉风动荡》代表皇家美术学院参加万国博览会。第二学期期末考试，六门学科获得三个第一，三个第二。他的油画习作《锡瓶和柠檬》，银灰色锡瓶质感强烈，几只柠檬色彩鲜艳，引起著名雕塑家隆巴的注意。他问张："您学过雕塑吗？"得知他从未学过雕塑,隆巴十分惊奇,动员他"您学雕塑吧,您一定能成为一个杰出的雕塑家!"

1932年,张充仁参加了皇家美术学院雕塑班的招生考试,他是八名被录取学生中的一员。从此,张充仁成了隆巴教授的学生,开始了他漫长的雕塑艺术之路。

他的第一件雕塑作品,是根据隆巴教授命题"内心的苦楚"所作的《渔夫之妻》——一个女人,望着波涛汹涌无边的大海,心中充满对丈夫命运的不安和忧虑。作品受到隆巴教授的赞赏。

张充仁于1934年毕业,他的毕业作品《玛特兰纳》,获得人体雕塑第一名,雕塑构图第一名,照例他能获得比利时国王亚培尔奖和布鲁塞尔市政府奖章,藉此在该院享有一间属于他的个人画室,皇家雕塑学院向他颁发了雕塑家证书。

但他还是放弃了比利时国王亚培尔奖,因为除非他加入比利时国籍,否则他就没有资格获此殊荣。有人劝他加入比籍,但张充仁牵挂祖国,牵挂他的家人,他说,他还是要回到中国的。

二

这期间,张充仁认识了比利时青年连环画家埃尔热。介绍他们两人相识的是陆徵祥和戈赛神父。陆其时正隐居于圣安德鲁修道院。陆晋升神父时,张充仁曾与魏宸祖公使同往致贺,并为陆塑了像。

当时埃尔热正酝酿创作丁丁去远东历险的连环画,需要了解中国,对他来说,张是最合适的人选。

埃尔热原名乔治斯·雷米(1907—1983)。他创作的连环画《丁丁历险记》,从1929年问世以来,一直受到欧洲读者的喜爱。

青年埃尔热认识了张充仁,并在他的引领下接触了东方文化,两个同龄人结成艺术上的挚友,两人合作创作丁丁系列连环画之一的《蓝莲花》。由于张充仁的加入,埃尔热的画风、故事结构等技巧更趋严谨,《蓝莲花》是埃尔热二十三本连环画中成就最高的一本。这本连环画不仅画风为之一变,其立场也有了变化,他同情被压迫被侮辱的人们,反对种种不人道,同情中国人民,揭露日本侵华野心。他说,张充仁先生不仅为我开启了通向东方之门,他绘画的线条造型和平面构图也丰富了我的连环画创作。

由于埃尔热在欧洲的影响,随着《蓝莲花》广泛流布,使更多世人了解了日本侵华真相,连环画中的"中国张",那个圆圆的有着东方脸型的小男孩也名扬欧洲,成了家喻户晓的人物。

1935年,张充仁学成归国,他告别了师长,告别了挚友埃尔热,回到了魂牵梦萦的祖国。

由于抗日战争和第二次世界大战的爆发,烽火连天,邮路阻隔,张充仁和埃尔热失去了联系。埃尔热参了军,张充仁搬了家,但他们的思念却日甚一日。二战结束后,埃尔热到处打听张充仁的消息。他创作连环画《丁丁在西藏》,他在画中让丁丁一路寻找他的老朋友"中国张"。他还专程到台湾,并见了宋美龄,宋美龄也无法帮到他。他在台湾呆了一些日子,也访问了一些人,但毫无收获。

"谁?张容伦,不知道。"因为发音不同,谁也不知道张容伦是何许人。

老天不负苦心人,事情终于有了转机。1975年,一天,埃尔热在一家中国餐馆与老板聊天,埃尔热诉说了自己的苦恼。老板忽然反问道:"谁,莫不是张充仁?"

"对。就是张充仁。我苦苦找了他四十七年!"听了老板的回答,埃尔热欣喜若狂。

这个老板叫魏需卜。原来，他是当年中国驻比利时公使魏宸祖的公子。魏宸祖曾任南京临时政府外交次长。巴黎和会时，任中国驻比公使的他，与陆徵祥、王正廷、施肇基、顾维钧为中国出席和会的五人代表之一。当年张充仁赴魏公使家宴见到魏需卜时，他还是个少年。魏需卜当即允诺："我写信给我哥哥，很快就能把张充仁先生的消息告诉你。"

魏需卜的胞兄魏需孔，是同济大学教授，他接信后，很快就了解到张充仁的住址。

遭受"文革"折磨的张充仁这天挨了打，正在家里养病，忽然有人找上门来，说有急事找他。这人正是魏需孔。他告诉张："比利时有位著名画家很想念你，他的名字叫埃……"没等魏需孔把话说完，张充仁脱口而出："埃尔热！"听到埃尔热在寻找他，张充仁激动的心久久无法平静。

张充仁很快收到埃尔热的来信，长长的写满了五张信纸。埃尔热在信中写到了他对张的思念之情和漫长的寻访之路，并告诉他很快就能来中国与他相见。

"文革"虽然已经结束，但中国对外交往的大门还没有打开，埃尔热访华无法成行，不得已要求张充仁"是不是你来比利时"。谁知张充仁的出国之行也困难重重，他的出国护照申请了两年也无法办出。直到1981年，北京举行全国青年画展，张充仁受邀为评委，在一次散步时迎面遇到江丰。江丰主动上前问道："你不是张充仁同志吗！"张充仁连忙回答："是啊，江丰同志。"

"来我处聊聊，您今晚七时来，今晚我不接待什么人。"

如约见面后，两位老人相互询问起"文革"中的遭遇，庆幸大家都熬过了一场劫难。

江问张："对未来有什么打算？"

"准备去比利时。"

"去比利时,您不想留国内啦?"

"我去去还是要回来的。"张充仁把他与埃尔热的关系,以及埃尔热多年来不了中国,他也久久申请不到出国护照的经过告诉了江丰。

江丰立即说:"这是好事啊,通过你们,正可为中比友谊做些工作。"并约他第二天一起去外交部。

外交部的同志听了他的情况,高兴地说:"这是个好机会,希望您为中比友谊多做工作。我会尽快为您办好手续。"

三天后,张充仁拿到了出国护照。

1981年春暖花开的日子,张充仁先生应比利时国家电视台和埃尔热画室联名邀请,飞赴比利时访问。

张充仁乘坐的飞机徐徐降落在布鲁塞尔机场,两位暌违半个世纪的白发老人终于见面了。

"少壮能几时?鬓发各已苍。"长年的别离,大家都有很大的改变,他们迎面而立,打量着,也不顾四周闪光灯的不断闪烁,似乎想在对方脸上寻找旧日的记忆。忽然如梦乍醒,两人像孩子般久久地相拥而泣。

由于连环画《丁丁历险记》的影响,比利时的几代人都知道张充仁。张充仁的到来,让他们欢欣若狂。电台广播,报纸发表文章,都表达着对张充仁的敬意:"重新找到张","今年比京的春天是从3月20日开始的"。有位企业家写信,希望张充仁先生的到来,有助于比利时经济复苏;一位医生则祈求张的到来,会让埃尔热的身体尽快好起来,因为其时埃尔热的造血功能出了问题。

张充仁还收到许多热心读者来信,一位女士在信中说,她小时候,祖母曾为她买过《蓝莲花》,她说她从小爱读《蓝莲花》,一直期盼他的到来。她遗憾没能去机场迎候，因为她身敷石膏，躺在床上动弹不得。比利时皇后法比奥拉也专程至埃尔热画室，拜访张充仁。

旧地重游，这次，张充仁在比利时共逗留了三个月，他无时不身处在比利时人民的友情之中。期间他为挚友埃尔热塑像留念。

三

应法国艺术收藏馆之请，张充仁自己做了一具手的雕塑作品。这件"手模"作品，如今与毕加索、罗丹的"手模"一起，被该馆永久收藏。据知，全球艺术家，受此殊荣的仅此三人。

齐白石老人曾赞美过这双手。1946年，齐白石来沪，住沧州饭店（即今锦沧文华大酒店旧址），长髯飘飘的齐白石半躺在沙发里，由张充仁给他塑像。用了短短二小时功夫，齐白石的半身像小样就完成了。他还不忘在塑像胸前题了"充仁"二字的款，并盖了个名章。这让白石老人惊叹不已，不仅塑的像令他满意，还有张神奇的速度。之前也有人要为老人塑像，都被他拒绝了，他说他没有那么多时间。齐白石乘兴索来纸笔，立时一挥而就"泥塑之神手也！充仁先生正，八十六岁白石"，齐翁书体，酣畅淋漓！

就是这双神手，为许多人塑过像，其中有国家和政府首脑，有音乐家、作家、画家及社会名流。但他心中始终没有忘记一个人，他就是聂耳。他和聂耳是同时代人，上世纪三十年代，他们同在上海，一个投身音乐创作，一个从事形体艺术，成了很好的朋友。1982年，全国第六届美术展览征集作品，张充仁多方收集资料，满腔热情设计完成了初稿，以义勇军进行曲开头二字命名：《起来》。

这件初稿小样初评获首奖，在报上发表后，得到社会各界好评。这座雕塑作品虽然因故直到十年后，才在淮海西路、复兴中路绿地中央落成,但它的小样照片却使法国朋友看到了张充仁的艺术功力,给了他又一个施展才能的舞台。

1985年,张充仁受法国文化部邀请,赴法国讲学。法文化部部长朗格见到聂耳雕像的照片,极感兴趣,说:"这是位音乐家,塑得极生动有神。"他要求张留下来,也帮助法国做一些雕塑。朗格设想为法国艺术家塑像。经法国造型艺术委员会讨论,认为张是埃尔热的好友,最熟悉埃尔热。而其时安古兰姆市正建造法国国际连环画博物馆,决定由张先生为埃尔热翻铸大型头像,因为埃尔热既是比利时的、也是欧洲的著名连环画家。此像于1988年安置于法国国际连环画博物馆前。

张充仁所塑埃尔热的头像大获成功,十分传神,法国总统密特朗见了极为赞赏,经朗格建议,张充仁接受了为密特朗塑像的邀请。

其时正是密特朗任期届满,又值七年一度的法国大选,总统工作十分繁忙,但他每周三下午必与张见面,静静坐下来让张先生塑像。

张充仁的工作室就设在爱丽舍宫总统的私人小客厅,除规定时间外,张还被特许留在密特朗身边,随时观察他的举止神态,查阅总统的有关形象和文字资料。他对张说:"很抱歉,我不能给予您更多时间,你不必拘于礼节,可以随时到办公室,到书房找我。"

经过八个月的工作,完成了塑像小样,总统和总统夫人都极为满意。总统夫人说,这像看上去具有他家族的某些特点,神奇的是,张先生并没有见过总统家族的成员。总理洛卡尔评论艺术素以严苛著称,他对此雕像也有极高评价。

密特朗总统像至今仍陈列于爱丽舍宫。

1992年,张充仁完成了法国音乐家德彪西的雕塑,便匆匆赶回祖国。他接到国内通知，终于有机会完成聂耳这一大型雕塑作品。

这一年，他喜事连连。他的具有标志性大型雕塑作品聂耳像落成，这是他留给上海的唯一一件城市雕塑作品。上海市举行了隆重的揭幕典礼，参加典礼的有上海市的有关领导和各界群众，有音乐界、艺术界、新闻界的朋友。聂耳的哥哥聂叙伦也专程从云南赶来，与张充仁一起在铜像前合影留念。法国国家电视台拍摄了专题片《张充仁在蓝莲花的故乡》，上海电视台拍摄了张充仁专辑《塑人塑己塑春秋》。

第二天，上海各报纷纷刊登聂耳铜像揭幕典礼的新闻和照片。这一年，张充仁先生八十五岁。

2014 年 11 月 28 日定稿

王世襄先生的文化守望

去访王世襄先生，乘24路北京站左近始发，一路行进到了演乐胡同，下车转个弯，便来到了芳嘉园15号。

芳嘉园15号，一个不小的四合院，是王家老宅，应该是王世襄先生父亲王继增任职北洋政府外交部时的家业。王世襄先生就在这里出生长大。

我见到的四合院，已没有当年的气象，有些破败。一个低矮的门楼，过了门楼，便是一个夹道。走完夹道打个弯，便是院落。

就在打弯的地方，有一棵粗大的树。树旁半墙上座着一个信箱，木制，很大，上面也没有防雨棚架，上写"王世襄信箱"五个毛笔字。信箱朝天开一个信插口，插口四周积满了尘土。见有一个卵石滚落在上面。心想，这信箱莫不是一个废弃物，但其他地儿再没有见过别的信箱。

院里堆放着许多盆花。正房一排落地长窗，显示它旧日不凡的格局。寻到右边王先生的房间，敲了很久的门，却不见有人来开。院里有一老人在莳弄花草，正欲打问，屋里听到了声响。来开门的正是王世襄夫人袁荃猷。这时莳弄花草的老人也跟了过来，他就是王世襄先生，一个穿着普通、慈和的老人。略观室内，未铺地板，顶棚糊着纸，像极了老舍笔下《四世同堂》老北平平民的家居。

屋内墙上还贴着一张敬告来访者的启事，略谓：不写字，不鉴定古玩，敬请鉴谅等话。我知道，解放初期王先生曾受过冤屈，对此不免敏感些。

因为1957年遭受"加冠"之灾，王先生住那么大的四合院，难免受人诟病。有关方面知会王先生，要安排几家住户到他院内住，让他腾出几间房。老夫妇俩便寻思，与其让不相干的人住，不如找友人来做邻居。于是，先是黄苗子、郁风夫妇带着三个孩子搬进东厢房，不久，张光宇一家也住进了西厢房。后来音乐家盛家伦也搬了进来。一个有文化特色的小园子，吸引了一批文化人，这儿就热闹起来，张伯驹、溥雪斋、张珩、陈梦家、启功、沈从文、黄永玉、黄胄、聂绀弩、叶浅予成了这里的常客，而上海南京的谢稚柳、唐云、傅抱石等书画家，赴京时也常相过访。群贤毕至，极一时之盛。

到了"文革"，小院的清雅便到了尽头，更多的人挤进了小院，最多时，此处住了八户人家。秀句芳声的芳嘉园便成了大杂院。

据王先生的弟子田家青说，让王先生犯难的是一个白铁匠，搬来后砌炉子、搭房子，每天敲敲打打，闹得四邻不安。更恼人的是，他还养了几只鸡，在院子里四处乱跑，鸡屎满地，凡是到此的访客，一不小心，就让你踩一脚鸡屎。说是要把那鸡窝给扒了，都准备动手了，王先生又改了主意，说"还是忍了吧！"不忍还能怎样，不忍，不又成了臭老九翘尾巴，这可是时时悬在知识分子头上的达摩克利斯剑！

王世襄这个名字，是与明式家具紧密联系在一起的。他收藏明式家具四十多年，他的《明式家具珍赏》，是家具收藏爱好者的必备读本。特别是那本《明式家具研究》，"与沈从文先生《中国古代服饰研究》,被公认为近世两部开创性的学术名著,而这两部名著所达到的学术高度,是其他一些领域的开创性专著无法比拟的"。(田家青《和王世襄先生一起的日子》)

王世襄结缘明式家具,始于1943年,他成了梁思成主持的李庄营造学社中的助理研究员之后。在这里,他开始了对漆器、家具的研究。

《明式家具珍赏》和《明式家具研究》是王世襄先生花四十年的心血研究编写而成,原交由北京文物出版社出版。1995年,他同我谈起这次出版过程时,这位宽厚长者心中仍有些不平。原来北京文物出版社收到王先生的这两部书稿后,背着作者,与香港生活·读书·新知三联书店签订了一纸协议,其中最荒唐的是文物社罔顾作者权益,擅自将两书的世界各种文版的版权转让给三联书店。当时我听了大感惊奇,所以了解比较详细。

当时文物社的实际负责人和协议策划者是社长杨某,香港三联一方则是总经理萧某。王先生得知此事后,提出交涉,收回了《明式家具研究》一书的版权。《明式家具珍赏》一书共印制一千五百本(此书获得1994年第一届国家图书提名奖)。王先生说,书中收录的家具,要修理,要请人拍照,有的还要向物主商借(如陈梦家一些家具图例就是由陈夫人赵萝蕤提供方便拍摄的),各种费用共花去数万,其所得仅稿费数千和一百本书。王先生对此也没有计较,与两家出版社交往如常。

说起家具收藏,王先生有过愉快的回忆。他在《我与陈梦家》一文中,描述他们二人买到珍贵家具时的欢乐情景:或相互炫耀,或伴为争抢。他说,"我和梦家之交,平易率真,彼此见性情。为时十多载,不曾因开玩笑、挑毛病、辩论争吵而留下任何芥蒂,相反地是交谊日厚,感情愈深。这样的朋友,只有梦家,要比多年受我尊

敬、淡而弥永的知交更为难得。"(见 1992 年 1 月 30 日《文汇报·笔会》)

文化人的收藏过程,实际是一个研究过程,《明式家具珍赏》和《明式家具研究》即是王世襄先生的研究成果。书出版后,这批珍贵的家具搁在自己条件很差的屋内,便成了他的心病。最大的问题是安全。天雨屋漏,冬天室内要点火生炉子,防雨防火,都让人犯愁。他要为这些宝贝找一个安身之所,他想到过北京故宫博物院,想到过炎黄艺术馆,王老甚至想到自己办一个博物馆,但看到黄胄办艺术馆那个累,只能作罢。他一直想方设法要让这批明式家具留在北京,他曾表示,把一部分藏品捐出来,换一套房子,跟国家绝不计较。他的设想没有得到相应回应,未能如愿。

恰好这时上海博物馆建新馆,有家具展室,但没有家具。于是,这批家具落户在上海博物馆,得到一个妥善归宿。也有人不理解,有微词。对此,王世襄先生有文章作过解释,他说:"数十年心力所萃,只有国家博物馆保管陈列,始不至流离分散,且可供人观赏研究,物尽其用。此为最理想之归宿。时上海博物馆新厦在修建中,机缘巧合,吾友庄贵仑先生正筹划用捐献文物、开辟展馆的方式报效国家","承蒙不弃,枉驾相商。喜其志愿,契合素志;更感其为公解囊,不为私有。于襄则但祈可以所得易市巷一廛,垂暮之年,堪以终老,此外实无他求。故不计所藏之值,欣然将七十九件全部奉献。"(《上博设家具专室有感》,见 1998 年 6 月 30 日《文汇报·笔会》)

王先生与庄先生议定,凡庄先生买的这批家具必须全部捐给上博,自己一件不留,而《珍赏》一书中王所收藏的家具也一件不留,全部出让,而且不讲价钱,庄给多少就是多少,只要王够买房迁出就行。据估,当时所得仅国际行情的十分之一(一百万美元)。

《珍赏》所收录王先生藏品共七十六件,其中同样一式全堂牡丹纹紫檀大椅四把,书中只收了一把,另外有一件黄花梨小交机出书前已送给杨乃济先生,书中写明藏者不是王,几年后杨先生又把它还给了王先生,王先生把这三把大椅和一件小交机一并捐给了上博,这样共八十件,凑了一个整数。

其后,陈梦家旧藏十几件明式家具珍品,也入藏上海博物馆,昔日两位老友的明式家具如今一起入藏上博,珠联璧合,可谓天意!

王先生是个爱玩的人,人称京城第一玩家。他年轻时如何疯玩,赵萝蕤说了一件事,"有一个深夜,听到园外有人叫门,声音嘈杂……以为有强人到来。接着听到一连串的疾行声,嘘气声,随即寂然。过了半晌,觉得没有出事,才敢入睡。"原来王世襄(时为燕大学生)一帮人带了四条狗去玉泉山捉獾,拂晓归来,园丁睡着了,无人应门,才越墙而入。原来赵萝蕤那时与陈梦家婚后正住在王世襄家院子里。

王先生也是养蟋蟀的高手。斗蛩之戏,古已有之。据记载最早始于唐天宝年间,宋以后大盛。黄庭坚就赞蟋蟀"鸣不失时,信也;遇敌必斗,勇也;伤重不降,忠也;寒则归宇,识时务也"。王先生到了古稀之年,不忘所爱。上世纪九十年代初,郁风一次上王先生家,见只有袁大姐一人在家,一问,才知他去香山逮蛐蛐儿了。

但王先生甚不满于时下以斗虫设赌局的做法,他说:"有人告我,今之养者,企冀侥幸获胜,竟有撒食水、烤火电、饲兴奋剂,直至海落因。未分胜负,六足已僵。继以争执,终致斗殴。唯利是图,骇人听闻。"他赞赏赵季卿和陶仲良两位前辈,赵曾得一黄蛐蛐,牙如焦炭。陶得蟹青白麻头,钳比霜雪。各七厘许,三秋无敌。立冬后,津沽两客求借,拟携沪上赌大注,均遭拒绝,恐两王相遇而互伤也。他为范遥青所刻蟋蟀图臂搁题诗赞曰:"白钳蟹壳墨牙黄,一旦交锋必俱伤。何若画中长对垒,全须全尾两虫王。"

王先生编过一部《蟋蟀谱集成》,很受玩虫人的欢迎。这本书由上海文化出版社出版,定价四十元。王先生说,出版社真做到精打细算,如别的出版社出,非八十元一本不可。这本书共出三千本。1994年王先生曾在江阴路遇到一位店主,那人一次就购进一千本。每本卖八十元,赚了很多钱,他对王先生说,"你千万不要再版,你再版了,我的书就卖不出去了。"

他说,《蟋蟀谱集成》中有两谱还是你们无锡秦子惠写的,一是《功虫录》,一是《王孙经补遗》。《功虫录》一书传世极少,黄裳藏有一部,"文革"时被抄,发还时只剩了上卷,黄把它送给了王世襄先生。后王先生设法从北京图书馆未编书目中,觅到了它的下卷,合璧编入《集成》。

王世襄先生的玩,与一般人不同,他的玩有讲究,有方法,一是对实物的观察把玩,二是熟悉制作的工艺技法,三是文献调查。这是王先生的治学之道,他养鸽子制鸽哨,写出了《北京鸽哨》和《明代鸽经·清宫鸽谱》;他种葫芦,写出了《说葫芦》;养鹰捉獾,则写出了《说鹰》《说獾》等。这些专著和文章,都是别人写不出的,为什么,别人没有他的这种经历和学问。

王世襄先生自己常说,"玩物丧志","业荒于嬉",其实恰恰相反,王世襄先生的事业应该是始于嬉,精于勤,成于思。他一生守望中华文化,他对中华文化所作的贡献是特别可贵和不平常的。

刊2014年10月10日文汇读书周报

求真尚俭张中行

张中行先生曾集句请人书联,共三。其中一联云：立身苦不早,为乐当及时。为乐怎么样,不知,不说它；这"立身苦不早"一句,应该是慨叹,不无自我调侃之意。我1994年岁尾认识他,已经八十多岁,他的大名为世人所知也没有几年,可谓不早了。

我就想其中原因。一说,是受小说《青春之歌》所累。《青春之歌》中有个余永泽,一个自私、落后、庸俗的人物,被认定他的原型就是张中行。因此,张先生"虽然学识渊博,业务能力很强,却长期不受重用","文革"一来,他先去安徽凤阳干校劳动,后又被遣送回原籍,"一贫如洗,饱尝了世间炎凉,直至上世纪八十年代初,还默默无闻"。"他的处境,不能说与我母亲的《青春之歌》,没有一点关系。"这是老鬼(马波,杨沫的儿子)说的。另一说,是中行先生自己的,"我近年来才常常涂抹,是因为到了近年,说话略不合乎子曰诗云,才不至于有加冠的危险。"(《维新之路》,见北京出版社1996年3月第一版《说梦楼谈屑》)

两个原因,一是他人评说,一是夫子自道,都是客观不宜。原来,他有过创作计划,中年时,"也想立伟大之言,写小说。已定长篇两部,前者为《中年》,写人在自然定命下的无可奈何；后者为《皈》,写终于知道应该如何,或最好如何,有了归宿",为什么最后没有动笔?"说句狂妄的话,不是主观没有能力,是客观只许车同轨、书同文,而不许说无可奈何,以及不同于教义的归宿。我是常人,与其他常人一模一样,舍不得安全和生命,于是在保命与'苦闷的象征'之间,我为保命而扔掉象征,这是说,终于没有拿笔。"(《桑榆自语》,见北京出版社1997年版《写真集》)

趋利避害,人之常情,在那不平静的岁月里,张中行先生静观风云,一俟云散光霁,终于厚积薄发,陆续写出了《负暄琐话》《负暄续话》《负暄三话》,以及《写真集》《留梦集》《禅外说禅》《顺生论》等多部著作。他的作品引起文坛的不小震动。我便是在这时与他相识。

记得第一次与他相见,是他答应数日后给我一篇文稿,约我届时去北京教育出版社取。他那时尚住在北大朗润园,但他在教育出版社还保留着办公和住宿处,每隔一两周总有几天去那里,书稿往还,朋友相约,大家方便。

到了约定的日子,我去沙滩后街教育出版社访他。

说实话,因为没有读过他什么文章,事先脑中也不会想象他该是什么样子,不像叶稚珊初见之下颇感失望:"心中暗暗纳闷:这是真的张中行?张中行就这样?"我见到的张中行,高高的个头,与叶稚珊同感的是,"若按眼睛是心灵的窗户这句老话讲,眼睛过于小"。另一个印象是他的手掌特别大,与惯常所见文化人有所不同,心想,他也该能干些粗活吧!

记得那天在他办公室,还有一位客人在,是外地读者,写了一部书稿,要请他写序。张先生百般婉拒,而那年轻人絮絮叨叨不肯罢休。我则在一旁静候。等张先生送走了客人,他才从布包里取出他写给我的文稿,一看题目,是《蒲团礼赞》。原来他新得一处居所,三室一厅,文稿就是写他迁居前的心情和新居装饰,添置家具的设想。他将有自己的新居,这自然是喜事,但要离开朗润园,这真水假山、窗外长杨顶上有鹊巢的地方,特别是常会见的师友将不易见到,心中也很不舍。这天,他同时送我《负暄琐话》《负暄续话》《负暄三话》三本书,并在《三话》扉页题词签名:"拜奉萧宜先生乞教正 张中行 九四年十一月十五日于北京景山之左"。因为初识,用词客气得让人承受不起。这是老辈文化人的习惯,于他则更讲究。比如,我要访他,给他打电话,同样两个字,他不说"欢迎!",而说"恭候!"其谦恭雅驯如此!

由此肇始,我与张老信稿往还,我每次去北京,也总要去看他。

1995年冬,他已经乔迁新居,那地方比较偏远,他在电话里详细介绍:"马甸北,叫祁家豁子的地儿。"那地儿与北大朗润园比,离市中心近了,听那地名,反有一种荒村野店的感觉。他的新居装修一如他在《蒲团礼赞》中所设想:尚俭。书橱自然是免不了的,打坐的蒲团是不是有,因没见过他打坐,不知;但去他家,沙发我没有坐过。他的小书房里,有一架单人床,一张写字台;边上一张藤条椅,已有六十多年了,超期服役,他念旧,舍不得遗弃,绑绑扎扎,一如既往地用着。

居家过日子,张先生不事奢华,他自有他的理由:"理由之小者是省钱省事,大者是可以离羲皇上人近一些,心里安然。"

到了1996年,张先生忙于写《流年碎影》,是回忆录,自然免不了要涉及与杨沫的婚恋情怨,此书便颇受关注。叶稚珊谈到此事时说,书稿年内(1996)可以交出,"但对已成文的部分,张先生护得严严实实,守口如瓶。很多报刊的记者想撬边挖出部分段落都没有成功。我猜想会写到他的感情经历,兴趣百倍,前不久在'老帝坊'的烤鸭前,趁着老先生的酒兴,反复申请哪怕不能先睹就是先听为快也好。老先生的警惕性很高。"蒙张老信任,他时时向我透露此书进展情况,并商定,届时可由笔会刊登其中婚恋章节。1997年6月25日来信说:"萧宜先生:《流年碎影》三五日内可见样书(上市略晚),照原商之办法,由贵报发有关杨沫之片段,标题等皆已拟就,寄上(清样复印本),请处理。"

张中行与杨沫相识于1931年,其时,张刚考入北京大学中国语言文学系。时杨沫(原名杨成业)是温泉女中高中学生,因反对包办婚姻离家,欲自谋职业。经人介绍,与张相识,由张介绍入香河其家乡一小学(张长兄任该小学校长)教书。由此相识相交而堕入爱河。时张观杨沫,"她十七岁,中等身材,不胖而偏于丰满,眼睛明亮有神。言谈举止都清爽,有理想,不世俗,像是也富于感情"。1932年的春天,"她回来,就住在我那里"。

按照张老对婚姻分类,有可意、可过、可忍三种。到了1936年早春,分居于香河、天津两地的一对青年男女,于香河方面出了动静。据张老说,开始也有挽救的愿望和措施,是把她接到天津一起生活,但中间有了隔阂,终于到了不可忍的地步。

人生聚合,本系缘定,缘既已尽,大路朝天,各走一边,这也是极平常的事。不想上世纪五十年代,杨沫出版小说《青春之歌》,随后被改编成电影、京剧、评剧、话剧、评弹、歌剧等,书中的人物也随之家喻户晓。张老在谈及此事时说:"不少知道我的读者认为其中有些事是影射我;我的室中人则更进一步,说是意在丑化我,心里很不舒服。我却没有在意。"有人让他写文章解释,他认为那是写小说,自己没有必要对号入座。直到"文革"中,他对杨沫的看法都是肯定的、正面的。当有人向他调查时,"依通例,是希望我说坏话,四堂会审,威吓,辱骂,让我照他们要求的说。"以张老的阅历,自然一眼就看穿了他们的把戏。调查人员无法,只得让他写材料。

张老仍是说："她（杨沫）直爽，热情，有济世救民的理想，并且有求其实现的魄力。这材料，后来她看见了，曾给我来信，说想不到我还说她的好话，对我的公正表示敬佩。可见她是以为我会怀恨在心的，我笑了笑，心里说，原来我们并不相知。"但随后双方关系也有所改善。

后来，杨沫写了回忆性质的《青蓝园》，仍用小说手法，矮化他，辩称是张负心，可憎，才离开他。这使张老很不满，认定杨的品德有问题，尚存对她的些许怀念荡然无存。在向杨沫遗体告别仪式前，吴祖光打电话，问他参不参加，他的回答是"不参加"。他们的女儿对此似有些意见，写信给他说，生时的恩恩怨怨，人已故去，就都谅解了吧。张老复信说，人在时，我沉默，人已去，我更不会说什么。只是因为"思想感情都距离太远"，所以这一死一生的最后一面，他还是放弃了。

这是我责编张中行先生的最后一篇文稿，刊登在1997年7月9日的"笔会"，后收入1997年"笔会"年编《面对永恒》一书。我退休离开报社后，有回去北京还曾去看过他一次。几年不见，他行动、言谈显得迟缓多了。说起我们报社前不久有人去看过他，问他是谁，他怎么也记不起来。我说了报社几个他认识的人，说都不是。还是小保姆想起来，说："爷爷，是上海作家，叫沈善增。"眼前事，想记记不住，早年事，想忘忘不成，他真已"人臻老境"了。那天我特意带了个傻瓜相机。别前，我让小保姆为我们照了张合影。

刊2014年8月1日文汇读书周报

朴厚最是季羡林

早先去北大,只是访宗璞。知道了金克木和季羡林先生的住处,决定去拜访他们。

金先生和季先生都住在朗润园。1994年11月24日午后,我在燕南园告别了宗璞,斜穿过校园,绕过未名湖,便来到了朗润园。这里有六幢小楼,是1962年建造的。五幢在湖的东部,由南向北排列;一幢单干,在湖的北部偏西。楼一例四层,两个楼门。金先生和季先生都住在湖北偏西的那一幢里。这里面向未名湖,环境更显幽雅。

因为时间有限,这个下午我原来只打算访金克木先生。当一踏进二门小楼时,一时犹豫起来,不知这里住的是哪一位,便又退了出来。这时,在湖畔散步的一位老者主动走过来问:

"您找谁?"老人瘦长脸,脑门较宽。头上戴一顶软软的小圆帽。

"金克木先生住哪?"

"那个门。"他指了指另一个门。我转身时,又听他补了一句:"上三楼。"

与金先生是先通了电话的,他热情地引我进门。他个子不高,见面熟。问我之前见了什么人,上海有什么新闻,又问起报社一些他认识的人。他对外面的世界有兴趣，也不陌生。

我告诉他在楼下的一幕，他说那就是季先生了。既已与季先生照过面，不去访他就不好了。金先生听说我要去访他，便告诉说，他住底楼，一进他的家，门廊的灯会自动亮起（这在当时是件新鲜事）。

当我叫开季先生的门，他已经在吃晚饭了，我解释"我原来也是要拜访您的，想不到先生也就住在这儿"，为适才有眼不识泰山时的失礼表示歉意，并赶忙让他"先吃饭，我等您"。

"假如事不多，先说了也行。"

我自觉此时访客有些唐突，便把请他写稿的事说了。

"我对文汇报挺有感情，最近没写什么，如有，会给你们。"我便留下联系地址，匆匆告别。

等我沿着未名湖往回走，已经到了华灯初上的时候。经过留学生公寓，我特地留意看了看。听金先生说，这里原来是梁效写作组的据点。在"文革"期间，梁效一篇篇使社会不宁、人心不安的文章在这里炮制出来，其声名赫赫。

逆社会文明进步的事情总是不能长久的，人意如此，天意如此。如今，校园的扩音器里响着海顿的乐曲，而学子们骑着自行车，一忽儿一辆，一忽儿一辆，从我身旁匆匆闪过……

对季羡林先生，张中行的评价：一是学问精深，二是为人朴厚，三是有深情。这是的评，套用一句古话，知先生者，张中行也。

先说朴厚的事。我早就听说的一件事是，有次，一新生入学，带着行李在校门口下车，临时有事要办，行李没人照看。恰好季先生经过，一个白发老者，穿着略显陈旧，他揣度是个老工友吧，就招呼说："老同志，帮我照看一下！"季先生慨然应允。直到开学典礼那一天，那学生见季先生与众校领导上了主席台，才知道，帮他照看行李的老人原来是他们的副校长。

季先生一个大教授,他的家与平常人无异,以世俗的眼光,连平常人家也不如。就是书比别人多,两套单元房,书还是不够地方安置。家里也没有一点现代气息,只有门廊上那盏会自动亮起的灯,算开了风气之先。

有一次,他与张中行等几个人出了一本书,有家小书店店主同张中行熟,便托张先生求季先生签名(卖签名本也是一种营销手法)。季先生一边认真地一本一本签名,一边说:"卖我们的书,这可得谢谢。"签完了,听说店主还等在门外,忙跑出去与他握手,连连说:"谢谢。"这店主是读过大学的,见过一些教授,但没见过向求人的人致谢的教授,一时语塞,不知所措,抱着书一溜烟跑了。季先生的朴实厚道于此可见。

季先生术业专精,学识广博,但其主要成就在梵文、巴利文和吐火罗文的研究和翻译方面。

据对先生1986年前的著译统计,六百多万字,其中四百三十多万字为中印文化关系、印度中古语言和从梵、德、英等文字的翻译和学术著作。世界上只有少数几个学者通晓吐火罗文,季先生即是其中之一,季先生对吐火罗文所作贡献,在国内无人能出其右。

这吐火罗文是一种早已死亡了的文字,它是古时流行在我国新疆吐鲁番、焉耆一带的文字。二十世纪初才由德国探险队从我国新疆地区发现这种文书的残卷,后由柏林大学组织年轻学者进行研究,这其中就有他的老师西克和同门师兄弟西克灵。季先生进北大后,在东方学系对梵文、吐火罗文等进行教学和研究,并形成学术梯队。有人说,"吐火罗文发现在中国,而研究在外国",是季先生的研究和著述作了有力的回答,为中国学术界争了光。

他的这些从学经历,在他给我的为纪念二战胜利五十周年的文章中都写到过,这就是《重返哥廷根》(见笔会文粹《走过半个世纪》)。

这是他为应我之约而写的文稿。他在来稿的附信中说:"我原来不打算再写纪念二战的文章了,因为拙著《留德十年》已经写尽。经你再三督促,翻看了一下日记,觉得可写者尚多,遂根据日记写了一篇。"还说:"完全根据日记写回忆文章,尚不多见,在这一点上,我尚有可取之处吧!"老人有点小得意,自然主要是风趣。

在文中,他回忆到了西克教授,说:"我忽然回忆起当年的冬天,日暮天阴,雪光照眼,我扶着我的吐火罗文和吠陀语老师西克教授慢慢地走过十里长街,心里面感到凄凉,又感到温暖。回到祖国以后,每当下雪的时候,我便想到这一位像祖父一般的老人。"他也写到了他与他的梵文老师瓦尔德施米特夫妇见面的情景,说到老师的儿子还在读书时便被征入伍,不久战死在北欧战场。而教授还未抚平心中的伤痛,自己不久也被征从军……战争,对民众来说,都是巨大的灾难,是对生命的摧残,即使在战争的策源地,亦不能免。这次重见是在养老院,三十五年后的重见,让他们兴奋、激动,分别时难舍难分,一边不断告辞,一边不断挽留,从上午十时一直延宕到深夜……

如果说《重返哥廷根》是季先生对他留学生活和师生情谊的回忆,那么《悼念邓广铭先生》则是他对故友的怀念和对朗润园生活的深深留恋。

"闻多素心人,乐与数晨夕",当年全盛时期,张中行也住在朗润园。因他女儿住这里,照张先生的说法,他是寄居于此。季先生同他常常在晨夕散步时相遇,相互拱手合十施礼,"聊上几句,就各奔前程了。这一早晨我心中就暖融融的,其乐无穷"。

后来,张先生搬出朗润园。但张先生还健在,"同在一城中,楼多无阻拦,因此,心中尚能忍受得住。""至于组缃和恭三,则情况迥乎不同。他们已相继走到了那个长满了野百合花的地方,永远,永远地再也不回来了。"组缃是吴组缃,恭三即邓广铭,都是季先生在朗润园的老友。吴组缃先生是一个常"戴儿童遮阳帽的老头儿,独自坐在湖边木椅上,面对半湖朝阳,西天红霞"。邓广铭先生则故意把报纸订在系里,以便每天往返,藉以散步,并常常能与从图书馆回家的季先生相遇,互道珍重。几个大智者、素心人,他们同气相求,惺惺相惜,成了燕园后湖的美丽景色。

但令无事常相见,可惜世上没有不散的筵席,这种诗意般的日子随着最为相得的老友的离散而不复存在,季先生"心头感到空荡荡的"。(以上所引均见1998年6月16日《文汇报·笔会》,后收入1998年笔会文粹《掌上烟云》一书。)

逝者如斯,活着的人还得继续赶路,季先生想到了"后死者"的责任。他说,"对已死者来说,每一个活着的人都是一个'后死者'","已死者活在后死者的记忆中,后者有时还要完成前者未竟之业,接过他们手中曾握过的接力棒,继续飞驰,奔向前方,直到自己不得不把接力棒递给自己的'后死者'。"季先生"愿意背着这个沉重的'后死者'的十字架",一直背下去,直到非摆脱不可的时候。此后,我离开了报社,中断了与季先生的联系,但还能经常看到他在报上发表的散文、杂文,感到他把关注的目光从学术的象牙之塔移向十里长街,关切社情民意,和民风、文化道德建设,用现在流行的说法,他写了很多很接地气的文章,直到2007年夏秋之交不得不放下手中接力棒的时候。

刊 2014 年 5 月 9 日文汇读书周报

真率谁似黄宗江

黄宗江是个真率热情、睿智快乐的人。

第一次相晤,记得他来上海,住在万体馆附近一家宾馆。谈些什么,几无印象,好像谈到了他去美国奥尼尔戏剧中心,与英若诚演昆曲《十五贯》访鼠测字一折,全英语台词,令人肃然起敬。另一点印象,是他时不时流鼻血,我们很不安。他毫不在意,随手拉张纸巾,抹一抹,继续侃侃而谈,说是不适应上海的气候。怎么会呢?虽说他"生长在北京,少年时在天津住过三五载",但他祖籍是浙江瑞安。

黄家系瑞安名门望族,他的曾祖父黄体立,有个叫黄体芳的兄弟是清朝清流派人物,曾任江苏学政,在江阴创办南菁书院(江苏省南菁中学前身),培养了许多饱学之士。他祖父黄绍第,在一次江南乡试中任副主考官。那次的试帖诗题为:"大将龙旗掣海云"。有考生所作诗有云:"将果犹龙也,新收海上勋。大旗摇落日,归阵掣残云。"时值甲午之战,海军统帅为李鸿章。犹龙,孔子赞老子语。孔子谓弟子曰:"吾今日见老子,其犹龙也!"后以此为老子代称。老子姓李,这里即指李鸿章。主考官冯联棠见后,赞其"诗冠通场"。黄绍第爱其才,便把自己的女儿嫁给他。这就是黄宗江的姑夫冒广生(字鹤亭)。冒广生,诗人、著名学者,曾先后与毛泽东、陈毅共坐论诗。黄、冒两家的这段文字姻缘,当时引为美谈(见《冒鹤亭先生年谱》)。黄宗江呼为三哥的那个大有学问的人冒效鲁(字叔子)即是他的三子,与钱锺书友善,常相往来,诗词唱和。他曾是我在复旦大学时的俄语老师,与后来成为"笔会"基本作者的冒舒湮伯仲,便是黄宗江的姑表兄弟。

黄宗江早年活跃于戏剧舞台,卖艺为生。他曾求读于燕大,当过海员,上过朝鲜,去过越南,后专业创作电影剧本,有《柳堡的故事》《农奴》《海魂》等被拍成电影,颇受好评。到我与之认识时,他已以戏剧评论家的面貌示人。他给我的稿件主要是戏剧、电视剧评论方面的。他是从那行当出来的,老话说,外行看热闹,他是行家,说的自有门道。他又是个热情四射的人,文字极富个人色彩,他在"笔会"发表的《〈上海一家人〉赞》《寄宝玉——观罢黄梅戏〈红楼梦〉》《诗魂君里》等,都很得好评。这让我想起老同事戈今,他也是个有过舞台生活经验的人。那时我们同在"笔会",他写的戏剧评论也是令人称道、十分出彩的。我常见他长夜苦熬,特别是文章开头,常常写了撕,撕了再写,非自己满意决不罢手。几天后文章刊出,果然有神来之笔,不同凡响。他们这些老辈文化人,似乎都有这种锤炼文字的习惯。

其实黄宗江并没有中断过他的电影和戏剧剧本创作。他在1993年3月的一封来信中说:"近日又手脑交缠于不只一个剧种剧本,这对自己来说是大好事,来日无多了。"可以感受到他内心的急切。不知他这时忙着写的是什么,但我知道,他心中有很多想法没完成。比如他原来已经动笔写的敦煌常书鸿,他在千佛面前发愿"要写一写祖国(也是世界)艺术宝库的盛衰"。他也采访过相声大师侯宝林,也有了很好的构思,从慈禧太后驾崩到江青崩驾……他都耽搁下来了,而为了写重大题材《南方啊南方》《张志新》,结果急急写出来的本子却都不能拍。

为了这个重大题材问题,黄宗江被他妹妹黄宗英狠狠批评过一通。黄宗英见他困扰于重大题材之中,十分着急,话说得很重:"他组织纪律性非常强,到底是在部队里锻炼的。他永远在燃烧,可以焦着嘴唇,天天三点起床,一稿二稿,三稿四稿……一十八稿。今天刚枪毙一个,明天我还有题材。……他一会儿奉命写个连史,一会儿奉命写个战役。"她并送了他一副对联:"扑不灭的火焰,完不成的杰作。"似乎宗江仍有他自己的意见,也可以说,这是他对社会、对时代、对历史所负责任心使然吧。反正关于侯宝林,只见他写过一篇散文《我的芳邻侯宝林》,而电影剧本却未见问世。他是最适合写侯宝林的,老北京的那生活那氛围,又同在梨园行,他是太熟悉了,他不写,真是太可惜了。

解放后,运动不断,说文艺界是什么什么重灾区。重灾区即受灾区。身处其中的人,很难能免受其苦难。黄宗江获罪初始于一个电影剧本《南方啊南方》。这个他自认为生平力作,"文革"一开始就被揪出来示众。《南方啊南方》写越南抗美战争,中心人物是越南的一位母亲,长子是英雄,次子却成了叛徒;作为陪衬又写了一位美国母亲,也是两子对立,母亲则同情越南人民。正好林彪委托江青召开的所谓《部队文艺工作座谈会纪要》发表,《南方啊南方》在劫难逃,成了活靶子,罪名是"阶级混乱""人性论""叛徒哲学",他被戴上反革命修正主义者的帽子。事情并未到此为止,最后竟升级为攻击中央首长的现行反革命。其实就只是他夫人阮若珊借给她表妹一部《中国电影发展史》,这就牵涉到了江青。黄被追问他的现行,而且是四个字。老黄无奈,他哪里还记得说过什么,便口无遮拦:"唯我独尊""得天独厚""飞扬跋扈""君临天下";一边不断追问,一边不断坦白。

不知什么原因,黄的这份坦白书居然没有上送,"文革"结束后退还。这样的"炸弹"谁敢送,谁送谁也得倒霉。"文革"后见到那表妹才找到答案,所谓攻击言论只是"夫人厉害"四个字。

其实,他与江青并没见过面,与唐纳倒是老朋友。上世纪八十年代初,黄到法国访问,两位老友相见,他问唐纳:"她这个人原来是不是并不坏,是后来变坏的?"唐答:"不,原来就坏!"八十年代中,唐纳回国,在北京饭店与老友相聚。交谈中,述及江青在"文革"中疯狂迫害赵丹、郑君里等,宗江站起来指着唐纳笑骂:"都因为你唐纳是罪魁祸首,要是那时候,你能留住她一直跟你在一起,我们这些老朋友也不至于遭难受罪了!"引得众人大笑。

黄宗江自称"有梨园旧习,喜捧人,不善骂人",但有件事使他很恼火,要"忍不住骂几句"。那是他为迁居转邮报刊所遇的烦心事。他原来住在什刹海,后来搬到六里桥八一电影制片厂干休楼,转邮报刊遇到麻烦了,先是文汇报、新民晚报迟迟未投送,使他一个季度看不到文汇、新民两报,"耽误不少传闻的笔会佳文"(1992年3月21日信)。为此,他专门写了《人生很短,邮路恨长》予以批评。此文由人大转邮政总局,总局转分局,总算登门道歉,保证改正,但文汇电影时报又漏送达一个多月。他来信要我找电影时报的罗君,要把他那张订阅单存根(寄沪报销)找出寄给他,以便和"当地邮局继续'作战',夫'兵僚主义'亦大患也"(1992年5月23日信)。

当时,我还不理解他为什么会生那么大的气,还说,这可爱的老头真动了肝火!到自己从职场退下来了,才知道报刊对退了休的读书人,不说须臾不可缺,确也一日不能少。

宗江先生是2010年10月走的,大幕垂落、曲尽人去已有三年多。一直想写点什么纪念他。到要动笔时,又觉得他在云里雾里、神龙见首不见尾,不知从何说起。静下心来看了一些东西,花了些时间,写这篇小文,心中轻松了许多。他说让他发表文章的副刊都是他的施主。文汇读书周报也曾是他的施主,还赞过"此报我印象特佳"。在这里怀念他,他会高兴吧!

> 刊 2014 年 3 月 21 日文汇读书周报

又见张抗抗

1996年10月初,收到大连作家任惠敏的一封信,其中提到张抗抗的文章《文汇旧缘》。她说:"张抗抗那篇文章写得感人,我读了好几遍。"《文汇旧缘》一文刊1996年8月19日文汇报"笔会",后收入1996年笔会文粹《感受那片森林》一书。文写三十年前"文革"期间她的一些往事,其令人感动处,正在于她的真诚反思。

1966年夏秋之交,山雨欲来风满楼,报纸版面上充斥各种大批判文章,怀疑一切的思潮泛滥。当年尚是初中生的张抗抗受此影响,写了一篇万余字的长文,批评上海作家艾明之的长篇小说《火种》,投给了文汇报。文中说到她曾到文汇报社查询此稿,是我接待了她。

岁月如流水,三十年间的有些往事早已淡忘。1996年8月的一天,万瑾华递给我一纸小样,说:"这篇稿子说到了你,请你看看。"我看后才慢慢回想起来,仿佛有过那么一回事。后我翻查到当年的采访本,上面留有用红色圆珠笔写的张抗抗的签名及她的通讯地址,更证实了此事的确实无误。

1966年,应该是我从北京办事处返回报社不久,在编辑部一边参加运动,一边采编文艺新闻。但我并不经手文艺理论稿件，不知这篇稿子怎么会到了我的手里。也许是我读过艾明之的《火种》，便主动负责处理了。

虽然当时报纸充斥大批判文章，但那都是有来头的。批文是为了批人，其内情非一般记者编辑所了解。说实在的，我对当时一些批判文章的牵强附会和捕风捉影很不以为然，我凭经验觉得这篇稿子没有必要也无可能刊用，所以就把它压下了。

当张抗抗找到我时，我又不能告诉她实情，只能用"因为在报纸上点名批判一个人，是要经过批准"之类的话推托。顺便把稿子退还了她。当然点名批判须经批准也事出有因，记得报纸当时曾因点名批判一位领导人受到过批评。

和张抗抗再次见面已是三十年后了。那是笔会文粹《走过半个世纪》去北京找作者签名，在《笔会》邀集的一次宴席上。张抗抗已是全国著名作家，她已不再年轻，我也到了退休年龄。我们虽是见过面的，再见犹如初见，相互都不认识对方了。

参加这次宴会的有汪曾祺、林斤澜、华君武、丛维熙、文怀沙、张抗抗，如果没有记错的话，还有李国文、唐达成、叶楠等，都有文章被收入笔会文粹《走过半个世纪》的。他们一一在书上签名，我带去的书有二十多本，流水作业，我和水渭亭、萧关鸿三人把一本本书轮流送到他们面前，一本签完，再换一本，一阵忙碌。

吃饭时，我和林斤澜、文怀沙夫妇、张抗抗坐一桌。张抗抗告诉我，前些日子，她从报上见到了我的名字，并以此向人证明她文中所写非虚——这个人尚在文汇报。她那时的感觉一定像发现了出土文物吧。想想也是，十年"文革"，天地翻覆，一个人的命运，很难捉摸。

刊 2014 年 1 月 3 日文汇读书周报

谭盾与贺老的一次交往

谭盾的《纪录交响曲：女书》世界首演于2013年5月23日，在东京三得利音乐厅正式拉开序幕，最近又在浦东东方艺术中心上演，获得好评。他以独特的呈现方式表达其作品的内容而令人瞩目。

我与谭盾不相识，但我很早就知道他。说起来，这已是二十年前的事了。1993年，也是在秋季，北京音乐研究所王安国来信向我介绍过他。信中说："前两年您来北京为贵报副刊组稿，因当时手上没有合适的东西，有负厚望。"

"今年12月18日，作曲家谭盾交响作品音乐会将在上海举行，这是他出国七年来首次回国举行的音乐会。由于他是一位引人注目的作曲家，我估计他的音乐会将会有一定的反响。今年又正好是贺绿汀先生九十寿辰。基于此，写了一篇小文寄上供贵刊审处。"

王安国先生此次寄来的文稿，介绍了谭盾与贺绿汀先生一段不寻常的交往。

十月的北京，兆龙饭店的咖啡室，北京音乐研究所王安国先生和中央音乐学院梁茂春先生与谭盾话别，谭盾要去上海举行他自出国以来在沪的第一次音乐会。谭还说，他这次到上海的另一件事，就是想去探望贺老。王觉得奇怪,他知道,谭已是当代最有影响力的作曲家,但他与贺老不仅在年龄、辈分、资历上十分悬殊,且艺术风格也不属同一类型,贺老不喜欢那些激进的作品,而谭盾恰恰又是以独创的激进精神闻名的,他要去看贺老,怎么回事!

谭见他们二人不解,便从随身携带的提包里摸出一封信来。信上写:

> 已明兄:
>
> 　　湖南一中一个同学叫谭盾,对音乐很有兴趣,自己学小提琴,又写了一些曲子,趁假期到上海来想在上海学些什么。他对湖南音乐方面的情况不清楚。特此介绍他来找你,希望你能给他一些帮助。他写乐队曲子,但他对一些乐队的配器法书都没有看过。我想你们学校图书室一定有北京音乐出版社出版的乐器学一类的书,烦你设法借出给他看看。亦希望你和陆民德同志,便中给他以指导帮助。
>
> 　　不胜感激,此致敬礼!
>
> 贺绿汀

信是让谭面致他的老朋友刘已明先生的。信的落款日期1975年3月31日。此时"文革"还没有结束,贺老虽已脱离囚牢,但尚未完全获得人身自由,更别说政治名誉地位的恢复。

一个中学生,在那样的政治氛围中,不远千里投身到一个"牛鬼蛇神"和"反动权威"的门下求道问学,这要有一定的胆识!贺老在那样的境遇中热情接待他,给一个素昧平生的青年以耐心细致的关心帮助,自然让他铭感于心。

其实,受到贺老关心和帮助的青年不只他谭盾一个,也是在这一时期,湖南新化一位中学音乐教师也受到过他的关心和帮助,这位音乐教师也是慕名写信向贺老求教的。

贺老通过写信,热忱为他指点歌曲创作方面的知识,耐心帮他修改习作,给他寄手头仅存能供学习的音乐专业书(他的书都被抄走了)。据史中兴《贺绿汀传》(上海文艺出版社1990年第二版)说,从1975年到1981年,贺老给这位音乐教师写的信多达二十七封,有的信一写就是三千多字。

贺老,他对青年的爱护,他的侠骨柔情,他的师长风范,无不令人感动。

虽然不能说一封信成就一位音乐家,但他无疑在一个青年的成长的路上起了很大的助推作用。这是谭永远不会忘记的,所以他一定要在他在沪举办音乐会时去看贺老。这一年正好是贺绿汀先生九十寿辰。

时光又流过了二十年,想起今年是贺绿汀先生诞辰一百十周年,写这篇小文,以作纪念,也对谭盾先生的新作《纪录交响曲:女书》演出成功表示祝贺!

刊2013年11月22日文汇读书周报

礼贤下士陈市长

钱君匋先生《忆旧三题》一稿刊 1992 年 2 月 12 日《文汇报·笔会》。文忆及他与陈毅、丰子恺、李叔同的交往，其中说到与陈毅的一次相见。

那是上海刚解放，战火的硝烟刚刚散尽，在天潼路万叶书店上班的钱君匋突然接到一位解放军送来的一封信，是陈毅市长约他相见。当时陈的办公室在福州路江西路口的上海邮政汇业储金局二楼。钱循址径自上了二楼，才有一名解放军引他进了一间大办公室。只见陈毅市长一人坐在藤椅内吸烟，室内还有一张单人床，一个书架，桌上摊着公文。原来陈市长在日理万机的情况下，需要了解一些上海书画界人士的情况。

钱君匋先生在 1938 年曾为他的朋友、新四军的李仲融（解放后任南京图书馆馆长）刻过一方图章，同时也为陈毅刻过一方名章。所以陈市长知道他。这次钱事前又刻了两方章：一为白文"陈毅"，一为朱文"仲弘"，石质是赭色猪肝青田冻，送给陈市长。陈毅接过这两方印章在手中掂掂，仔细看了又看，高兴地说："我没有研究过这门学问，可以说是外行了，但觉得你刻得很不错，很有功力。我以前通过李仲融同志请你刻过一方印，很是谢谢！"就是这次见面，钱应陈市长要求,向他提及沈尹默、王蘧常、马公愚、白蕉、吴湖帆、贺天健及他的老师丰子恺等上海书画家。陈毅同志尊重知识,尊重知识分子,关心、爱护文化界人士,此为一例。

另如,解放后著名学者、诗人冒鹤亭(广生)生活困难,为了节省开支,他把纸烟也戒了,原聚星社每月餐费一万六千元无处着落,只得"宣告出会",时常要出售书刊或受人请托为人作诗以敷日常家用。1950年7月,陈市长得知他的困难后,即亲往冒府访问,声称"仰慕已久",关切地询问著述情况,二人并共论诗良久。临别时陈市长说,先生生活问题待妥善解决,并嘱安心读书著作。后经陈市长推荐,上海市文管委聘其为特约顾问,派人送先生聘书一帧,嘱:"无庸办事,陈仲弘表示其优礼耆儒意耳。"此亦一时之佳话。

刊 2013 年 8 月 23 日文汇读书周报

刘绍棠,被『神童』所累的作家

刘绍棠与我同庚,他1936年2月29日出生,我写信告诉他,我也是1936年生,诞日是阴历正月十五。他接信后忍不住哈哈大笑,他一直以为我"是一位年轻的同志"。他还告诉我,1936年阳历是闰年,二月份有二十九天,阴历闰二月,有两个二月,他生于前二月初七,阳历便是2月29日,我则是2月7日,我比他大二十二天,所以他直说这是"奇缘"。

绍棠是北京通县儒林村人,是个早慧的人,1949年就开始发表作品。

1951年,他读初中二,给北京新民报文艺副刊"萌芽"投了一篇稿,引起编辑、诗人晏明的关注。晏明约他到报社相见,给以热情鼓励。以后,绍棠成了"萌芽"副刊的基本作者,时称神童,始作俑者晏明,并不是他自封。谁知到了1957年,竟成了他划右罪名之一。绍棠不知是谁把"神童"这顶纸糊的桂冠戴在他头上的,直到三十二年后晏明的《神童作家刘绍棠》一文在文汇报"笔会"发表,真相才大白于天下。当年在首都剧场的批右大会上,郭沫若引用民谚,说"十岁的神童,二十岁的才子,三十岁的庸人,四十岁的老而不死"。他引以自嘲:"我的大半生的遭遇,真被郭老言中了。从二十一岁划右到四十三岁'改正',我回乡务农,体力和技能不如一个小脚放足的老太太,货真价实是个庸人。四十三岁'改正'之后,拼命干了九年,五十二岁中风病倒,但并未病故,正是老而不死。"

他中风,是1988年8月5日的事。我的初次约稿信到之时,恰是他风瘫之日。他说他身残了,但手还能自如写字。一年多后,他便开始给我写稿,第一篇就是《坐家》,谈他的病和半生遭际。

刘绍棠一生致力于"中国气派,民族风格,地方特色,乡土题材",创作甚丰。计有长篇小说《地火》《春草》《狼烟》《京门脸子》《豆棚瓜架雨如丝》《敬柳亭说书》《这个年月》《十步香草》《野婚》《水边人的哀乐故事》《孤村》等十一部,中篇小说《运河的桨声》《蒲柳人家》《瓜棚柳巷》《小荷才露尖尖角》《烟村四五家》《黄花闺女池塘》《花街》等七部,短篇小说《青枝绿叶》《蛾眉》两部。另有《乡土与创作》《我的创作生涯》《乡土文学四十年》《蝈笼絮语》《如是我人》等散文短论集八部。

刊2013年8月9日文汇读书周报

人生贵有胸中竹

大陆、台湾两岸开展人员往来不久,台湾新象国际文教基金会即邀请上海昆剧团赴台演出。此事从1992年4月开始商谈,一切进展顺利,八月,上海昆剧团开始排戏,定10月29日至11月6日在台北、台中、高雄三市演出六场。遗憾的是,当时海峡两岸人员往来还受种种限制,以致岳美缇被拒入台。这让她陷入深深的苦恼之中。她在1992年10月15日给我的信中说,"作为一个演员,我非常珍惜这次艺术活动,这样的规模和阵容,今后是不可能有的了,更何况我已五十二岁了,舞台生活已近尾声。"她为失去一次这么重大的艺术实践活动而十分苦闷,我也很为她惋惜。

岳美缇1953年考入上海华东戏曲研究院昆曲演员训练班,学的是旦角。1958年,她十七岁,改从俞振飞学小生。她说她是一次偶然的机会改学的小生。那是1956年秋,俞振飞、言慧珠带领《百花赠剑》剧组参加中国艺术团赴西欧演出,需要几个扮演花神和宫女的女演员,就带上了岳美缇、华文漪、张洵澎、杨春霞、梁谷音、王芝泉等女同学。到了北京,文化部夏衍、周扬知道上海昆曲演员训练班学生来了,希望看她们的演出。而《游园惊梦》一出,缺一个小生演柳梦梅。有人说,"叫岳美缇反串"。岳美缇不敢演,俞校长一面鼓励她,一面一招一式教她。三天后演出,周扬、夏衍、齐燕铭和梅兰芳等文艺界知名人士都来了。演出后,俞校长很满意,赞扬岳美缇说:"今朝蛮好。"

　　人生的命途有时就在这偶然之中决定,岳美缇从此走上女小生的艰难之路。对此,她困惑过,犹豫过。最苦恼时,还给俞校长写过信。俞校长给她回了信,热心肯定鼓励她:"这次你反串的《惊梦》我很满意,你的抬手投足都好,唱念也好,你有唱小生的条件,要你改小生是我的意思,我一定会对你负责到底的!"俞振飞校长还要她在学戏之外学点书画。俞振飞对她说:"昆曲小生都是演的古代文人、才子,学戏之外要学点书画,来提高文化修养。"于是,她除每天早晚写一张大小楷外,便开始学画画。她知道俞校长隔壁就住着位画家,便冒冒失失上门。她怕那画画的老师不肯教,进门连磕三个响头,说要向他学画画。这人不是别人,就是大名鼎鼎的张乐平。张乐平赶忙拉起她来,说"我是画漫画的,画《三毛流浪记》的,你想学什么?"张乐平听她说明来意,想了想说:"我看你还是学国画吧,国画与昆曲还接近。"在张乐平的指点下,岳美缇另投师门,开始学画国画。

　　上世纪六十年代初,叶剑英元帅常来上海听评弹、昆曲,他知道岳美缇在学画,请她给他画一张。还承诺:你送画给我,我给你题首诗。诱人的许诺,让岳美缇鼓足勇气,尽心画了好几幅,从中选了最满意的两幅送去。叶帅见了,高兴地鼓励说,"多学一点东西,多长一点见识。"后来,叶帅写了一首诗,题在扇面上:"彩笔凌云画溢思,虚心劲节是吾师。人生贵有胸中竹,经得艰难考验时。"这诗成了岳美缇一生的座右铭。

　　到了"文革"时期,岳美缇也未能幸免,她受到批判,家也被抄了,叶帅题诗的那个扇面自然难逃厄运,被抄走了。但叶帅的诗深深印在岳美缇心中,在那苦难的日子里,她默诵"人生贵有胸中竹,经得艰难考验时"。是叶帅的诗,给了她信念和力量,让她度过了那段艰难岁月。

"文革"后,那幅扇面居然又回到岳美缇手中,只是扇面上多了一个被抄走时的印记,令人想起那十年一觉荒唐梦。

2013年夏

剑胆琴心一清阁

我认识赵清阁先生时,她已年近八十,又动过大的手术,但仍勤勉写作,笔耕不辍。她与老保姆吴妈居住在上海市西南一幢单元房里,我便常抽时间去看看她,或为文章事,或谈文史方面的一些往事。

在她家壁间,常悬挂一幅字:豪气千盅酒,锦心一弹花,缙云存古寺,曾与共甘茶。她说这是1940年在重庆北碚时游缙云寺,郭沫若于寺中写了赠她的,纸由寺中方丈提供。郭沫若那天未带印章,所以未留年款,留了个"乐山郭沫若"的名款。

郭老的诗赞赏赵剑胆琴心,能饮善文。"弹花"即指赵清阁,因她在武汉为华中图书公司编过《弹花》月刊。

梁实秋给赵画过一幅梅花,并题词"直以见性 柔以见情 此梅花之妙也 今以此二语移赠清阁以为如何"。落款为"壬午冬日作于北碚雅舍"。壬午即1942年。

那时住在北碚的文化人还有老舍、吴景超、龚业雅、方令孺等。梁实秋同吴景超、龚业雅夫妇在重庆郊区由青木关通向北碚市区一条公路北侧的土坡上购置一处平顶灰房①。当年因这里没有门牌,通邮不

---

① 经北碚的地方史志专家李萱华先生查核,确证今北碚梨园村47—51号,为雅舍旧址。上世纪九十年代初被定为重庆市级重点文物保护单位。

便,梁便以龚业雅之名命其为雅舍,并做了一块木牌插在路边。梁实秋说"并非如某些人之所误以为是自命风雅",而实际确也实至名归。此处不仅因梁的雅舍小品集的蜚声中外出名,也是一批文化人的雅集之地而让后人向往。赵清阁住北碚时与雅舍毗邻,她对我说,那时她和方令孺傍晚散步,常到雅舍小坐,与主人品茗聊天。她说雅舍是文友常常聚会的地方,让人怀念。

在赵先生家还见过齐白石的一幅立轴,其上四个大大的篆体字:月圆人寿。这是二十世纪五十年代初齐白石送她的。当时她向荣宝斋订购齐翁的鼠烛图,拿去请齐翁补题款时,齐临时从柜中捡出,也补题了上款送她。鼠烛图是齐翁为纪念一个朋友画的,赵见了喜欢,特地避过齐翁向荣宝斋预订的,含义为"春蚕到死丝方尽,蜡炬成灰泪始干"。他觉得赵这么年轻,如题李义山的诗句不妥,故只题了"清阁女弟子雅意 壬辰九十二岁白石",为祓除不祥,又特意送了她这个条幅。

这些极具纪念意义的字画历经"文革"劫难,到1991年除夕,她悉数捐赠给了上海博物馆,我所见到的都是她最珍爱的几件的复制品,以留作纪念。

有关文史往事,她谈到这样几件:

一是她与张爱玲的交往。抗战胜利后,因与胡兰成的一段婚恋,张爱玲的处境十分不妙,她的创作走向静寂。一直关注张爱玲的郑振铎让从大后方回沪的赵清阁撰文客观评析张的作品,此文经洪深手,发表于大公报戏剧与电影版上。此后张的处境有所好转,并有作品在新民报连载。为此,张还曾请赵喝过茶,并赠给她一本《传奇》,以表达对她的谢意。

1950年7月24日至29日,上海召开第一届文代会。地点是解放剧场(原名光陆大戏院)。张与陈涤夷(即蝶衣)一起作为正式代表与会,分在文学界代表第四组。陈毅市长在会上作形势报告,市委宣传部部长夏衍作题为"更紧密地团结,更勇敢地创作"报告,并宣布成立上海文学艺术界联合会。会前,赵清阁因给电影公司编的一个剧本被指责缺乏阶级观点,由于伶找她谈话,要她作检查发言。赵不同意这样的观点,不愿作检查,谈话从晚上一直进行到午夜一点,赵才勉强同意。张爱玲也参加了这次会,听了赵的发言,会议间隙特地走到赵处对她说,你讲得恰如其分,表示她对赵的关心。张也从这次会议的基调中预感到,当今文坛已没有她的立足之地,加之原要聘她进电影剧本创作所当编剧的事迟迟没有下文,去意遂决,次年就离开了上海。张去国前,赵曾到卡尔登公寓(即今长江公寓)301室她姑妈家看过她,"没有见她有离国他往的意思"。这是张留给赵最后的印象。

二、1995 年 12 月 29 日下午,我去看赵先生,谈起上海为文化名人塑像事,她看过有关录像片,对其中田汉的解说词,觉得有不符合事实之处。主要是田汉被捕出狱,说是鲁迅曾设法营救,赵先生认为从当时情况来看,鲁迅不会这样做。

田汉被捕是 1935 年 2 月 19 日。由于叛徒告密,时任文委书记的阳翰笙和负责"剧联"工作的文委成员田汉同时遭到逮捕,并被押解至南京。赵清阁先生说,是田汉夫人安娥到南京找了张道藩求情,田才获释放。这是安娥亲自对她说的。

田汉、阳翰笙虽脱离了囚笼,但人仍然不能离开南京,行动还是受到监视。

另是对老舍的一些回忆。

1996 年 12 月 12 日,赵清阁先生给我打电话,说她看过一篇文章,谈到老舍回国的事,她说文中讲的情况不确。老舍是周总理通过赵清阁和曹禺与他联系,才设法从美国返国的。赵说,赵韫如

（北京人艺演员）当年同老舍同船出国，在美时有往来，她对老舍归国的情况是最了解的。

在赵清阁看来，老舍解放后的创作不如以前。1964年，老舍开完广州会议后路过上海，曾与赵见面。聊起创作，赵认为老舍的作品太过政治化，质量大不如前。她特别举了《西望长安》剧本，认为缺乏他作品的幽默特色。《西望长安》是应时任公安部部长罗瑞卿的要求，配合形势宣传需要写的一个话剧。剧中人物栗晚成原型李万铭系诈骗犯，案情于西安暴露，1956年8月被北京市中级人民法院判十五年徒刑。那年月写戏剧已不易，更何况讽刺，而老舍自告奋勇接受了这个任务。老舍也是勉为其难。领导要求于他的，他就全力去做。他满腔热情地要为新中国服务，只要宣传新社会，他总是愿意去尝试，不怕失败，一遍又一遍……

"老舍思想上向往光明，认定一个理，他就跟到底！"这就是赵清阁眼中的老舍先生。

刊2013年6月30日东方早报

华老其人

最近看央视大型纪录片《大鲁艺》,有华君武先生2002年时谈他在鲁艺时的生活。他的长者风度,他慈祥亲切的面容,让我如见故人,回忆起与他的一段交往。

华君武先生1915年在杭州出生,但祖籍无锡,是我乡前贤。1933年十八岁时离开杭州到上海入大同大学附中,至1938年奔赴延安。在沪期间曾在中国旅行社的银行当过职员,地点就在老文汇报社附近的四川路。

我虽然经常读华老的漫画,但与他不相识,契机是上海《音乐爱好者》杂志编辑李章介绍给我华老《音乐与我》一文开始的,之后又有徐城北兄介绍给我《革命的草台班子——记延安"鲁艺"平剧小组》。那是他给徐城北编的《梨园集》写的文章,便有了我与华老的相互交往。

像他的漫画一样,他的文章也十分发噱。但他写得不多,听他年终盘点,只说漫画画了多少多少幅,比上年多了,或比上年少了,很少提文章之事。在他心中,漫画才是他的本业,文章恐怕连副业也不是。对写文章,他也有顾虑。他写的都是回忆延安时期的趣事,他在给我的一封信中说:"我这人不会写正经的回忆文章,只能写些好笑的事。有些已发表,都是短短一人一事,如钟敬之种木耳,胡蛮改名,塞克收藏大鹅卵石,延安鲁艺美术工场版画家自制梨木麻将一副,崔嵬一语教会我游泳,于亚伦(于蓝之兄)拾炸弹皮作冰刀,木刻家马达花园,一件也只三五百字。但别人看了高兴不高兴?好像我们在延安只是嘻嘻哈哈。心有余悸故不愿写。"想来他是听到过一些不同意见吧!

华老是个幽默风趣的艺术家,又是个极认真的人。有一次,某地征集名人题词,要在其地建摩崖石刻群,华老也接到了邀请函。华老写信说明自己的字写得不好,不能应命,说自己的字如刻上崖壁,不仅不能流芳千古,反成遗丑万年了!主事者看了他的亲笔回信,大喜过望,仍欲坚持,想选取信中字句勒石刻碑。后经再次交涉,此事才算作罢。

由此可见华老热爱艺术,尊重艺术,对艺术怀有一颗敬畏之心。他有一幅漫画就是讽刺一些人有了点名气,便自我膨胀,以为自己什么都行,且凭借这一点名人效应,到处伸手捞名捞利。他画一老者坐在餐桌前,看着面前冒着热气的两笼屉牛肉,对戴着眼镜的店主说:"老魏,你文章可以,可这蒸笼牛肉不行,一块肉也没有!"店主笑嘻嘻地答道:"我卖的就是名气!"华老正是借与魏明伦打趣的形式,批评时下人心浮躁的不良风气。

在运动频仍的年代,作为漫画家,华老也难免误伤过人。他晚年办个展时在前言中为此专门作过诚恳检讨,并向被他误伤的同志真诚道歉。1981年3月19日北京为浦熙修同志举行追悼会,华老还特地写了一封道歉的信寄给她的家属,并在报上发表文章承认当年(反右时)画的漫画态度不严肃,伤害了她。

2000年4月,他因晨练,不小心跌断了股骨头,动了大手术卧床四十天。但一到能扶杖行走时,他即赶赴山东曲阜辛庄("四清"

时他在那里工作过)看了他的老房东(当时的斗争对象),向他道了歉。他在来信中说:"因为过火,向他道了歉,也了却一桩心事。"

由于大的形势的裹挟,人有时难免会犯一些错误,有人因此原谅自己,但华老他不,他总是敢于承担责任,承认错误。做了他认为该做的,他的内心才安宁。

刊 2013 年 6 月 7 日文汇读书周报

我所认识的赵景深先生

赵景深先生是我大学时的老师。

复旦中文系有十老,他们是陈望道、郭绍虞、朱东润、陈子展、张世禄、吴文祺、赵景深、蒋天枢、王欣夫、刘大杰。很幸运,我1955年进复旦新闻系时,陈望道是校长,而中文系其他九老仍在校执掌教职。其中张世禄、王欣夫、赵景深都为我们开过课。

在我印象中,王欣夫一口浓重的苏州官话,他研究的又是版本目录学,对我们这些线装书也没见过几本的人来说,听他的课十分吃力。张世禄教我们语法,他对音韵有很深的研究,虽有浙江浦江口音,但抑扬顿挫,说话又幽默风趣,大家听得津津有味。他至今长眠于青浦福寿园内,有一年我曾与他公子张小隽一起去他墓地祭奠过。我与赵景深先生的交往更多,直到我工作之后,还常常上门请益。

赵先生1902年生于浙江丽水,原籍是四川宜宾。在天津南开中学读书时,正值五四运动,他随周恩来、邓颖超同志参加请愿、演讲、售报等活动。1922年毕业于棉业专门学校。1923年秋加入文学研究会,先后在长沙、绍兴、上海等大专学校教书,并任开明书店、北新书局编辑。他在文学各领域徜徉,写过小说、诗歌、散文、随笔、唱词,并译有《柴霍甫短篇杰作集》

八卷,还出版了《元明清戏曲史》《中国小说论集》《明清曲谈》《读曲小记》等多种研究专集。

赵先生教我们元明戏剧,他擅唱昆曲,给我们上课,兴致所至,随时会唱上几句,我们最喜欢听他的课。赵先生让我们接触社会,介绍我和中文系同学到少壮越剧团深入实际。在那里,我见到了张云霞、庞天华、魏梅照、张小巧等演员。可惜这次活动只进行了一次就不了了之。

赵先生是个热情而没有架子的人,记得大二上学期开学之初,中文系举行迎新晚会,我也设法参加了。在那次会上,系主任郭绍虞致欢迎词,朱东润先生也讲了话。文艺节目有大公滑稽剧团和淮剧团的演出。赵先生当场作诗欢迎新同学,还演唱了昆曲,连说带唱,显得十分活跃。

那时的赵先生早过知天命之年,但他也年轻过,也有过年轻人的故事。吴中杰先生在《海上学人漫记》一书中写到他的一件轶事:

> 赵先生年轻时曾与一位姑娘相好,后被赵师母发现,师母就将先生关在家里不准出门,甚至连上课也不准去,于是有叶圣陶和郑振铎二位出面向赵师母劝说,谓赵先生长期不去上课,饭碗要敲掉的,希望赵师母能放赵先生出门,由他们二人担保赵先生与那位姑娘断绝关系。在二位先生担保和赵先生一再保证下,赵师母总算答应了。于是,二位先生"押着"赵先生到那姑娘处,由叶圣陶装作赵先生的父亲,郑振铎装作他的哥哥,当着那位姑娘的面,把赵先生教训了一顿,并劝说那位姑娘不要耽误赵先生的前程。不料那姑娘却痛哭流涕起来,说她是真心爱慕赵先生,爱的是赵先生的文才,不是他的金

钱。一下子把赵先生说得感动起来,他一把推开叶、郑二位,说,你不是我的爸爸,你也不是我的哥哥,我要与她相好。弄得叶、郑二位非常尴尬。

赵先生也很诙谐幽默,1930年他在编《青年界》时向老舍约稿。他写了个大大的"赵"字,用圈圈起来。当时老舍在山东齐鲁大学任文学院长,他一看就明白,给赵先生回了封更有趣的信:

景深兄:
　　元帅发来紧急令:内无粮草外无兵!小将提枪上了马,青年界上走一阵。呔!马来!
　　参见元帅。带来多少人马?两千来个字!还都是老弱残兵!后帐休息!得令!正是,旌旗明日月,杀气满山头!祝吉∽
　　附臭文一

弟舍予　躳

老舍的信末总要画个卧倒的S,"鞠躬"二字也不写鞠躬,而写一个"躳"或一个"躬"。

这事后来宣传开来,成为当时文坛佳话。

我工作后常时到赵府拜访。他家住淮海中路四明邨(因建高架已拆除),每次叩门后,都由赵师母从窗口探头望一望,见是熟人,便抛下钥匙,让你开了门径自上楼。我那时对元明杂剧也颇有兴趣,比如《快嘴李翠莲》《倩女离魂》等,是我十分喜爱的剧目。他便介绍我认识了徐凌云(字文杰,号暮烟,昆曲艺术家,毕生从事昆曲研究和传习,生旦净末丑无所不能,曾为梅兰芳配《风筝误》等,俞振飞曾得到他的指点和传授)、管际安、陆兼之等名票友。他们也欢迎我参加他们昆曲研习社的活动,由于自己年轻不懂得珍惜,也怕耽误工作,几乎没有参加过活动,错失了那么多赏心雅集。

1980年,我做中班,同我一起编二版的余之,要我为四川《戏剧与电影》杂志约赵先生写文章。赵先生起了个草寄给我。赵先生此时年岁已大,又患帕金森氏症,字越写越小。他的文章意思都有了,我便凭我对昆剧的一些了解,作了必要的整理。这就是发表于《戏剧与电影》1981年第三期的《发展昆剧之我见》。

文章发表后,杂志社寄来17元稿费,我带了杂志和稿费送去他家。我给他稿费,他要与我分享,正推让间,又有客人来访,匆忙间,他急急把7元钱塞进我口袋,并按住我口袋,把我"推"出了门。

信末未署年月,应该在1980年12月初。四年后,即1985年1月7日赵先生告别人世。

刊2013年3月3日东方早报

清越可风一叶落

最近整理在笔会期间的师友信札,发现其中有叶冈的一通。信谓:

萧宜:

由《浔阳遗韵》想起的一篇短文已写就,请你审定。

以后找到题目,当再为你的版面写文。

祝编安

叶冈

此信写于1992年2月21日,其时我正编"笔会·艺谭",叶冈的这篇文章是对我的友情支持。此文于5月28日刊发,题《风雅余绪》,评陈逸飞《浔阳遗韵》一画。

由此想起,叶冈离开我们已有八个年头了。

我到文汇报实习时就认识叶冈,正式进了文汇报工作,由师长变为亦师亦友的同事,长期共处,多受教益。

叶冈,原名叶伦冈。浙江桐庐人,1919年8月12日出生。小学毕业后入杭州树范中学,后转入南京中央大学附中读高中。抗日军兴,叶冈弃学,在长兄叶浅予带领下，参加漫画宣传队宣传抗日，辗转武昌、休宁、长沙、桂林、上饶等地。抗战胜利后，先后在南京中国青年月刊、新民报、江南晚报任编辑，1949年入上海文汇报。1951、1953年作为文汇报特派记者，曾两度入朝采访，在朝战地报道后汇编成册，出版了《在朝鲜战场上》一书。

我进文汇报后被分配到文艺部工作。那时的文艺部是个大部，它既管文艺报道，又负责编文艺理论版，还有老牌副刊笔会，一时写手汇集。

文艺部主任唐振常，燕大出身，做过大公报记者，在上海电影局剧本创作室编过电影剧本。他既有才气，又是名士作风，在文艺部奉行无为而治。在他麾下，路元（笔名何晓）、张忱、戈今、徐开垒、朱近予、章绳治、叶冈、余仙藻，编的采的，各具个性，各擅胜场。

我刚到文艺部时，就与叶冈、章绳治坐一个办公室，叶、章二人在朝西靠窗处相对而坐，我的桌子就紧靠在他们桌子的一端，形成品字形。章绳治负责编文艺新闻版，而叶冈则编文艺理论版，二老带一新。

1961、1962年期间，文汇报提出了很多问题开展讨论，真有点百家争鸣、百花齐放的味道。版面有限，稿子无数，永远是责编面前的一对矛盾。于是要对一些过于冗长的稿子动手术，有关文艺问题的讨论稿，都由叶冈负责操刀把关，要压缩，要精简，大家戏称这是"削甘蔗"。叶冈是"削甘蔗"高手，他总能删繁就简突出主题，而不伤文章"元气"。

当时讨论的问题，涉及喜剧、历史剧、轻音乐、山水花鸟画、山水诗等，旁及曹雪芹卒年考、德彪西评介、戏剧观……林林总总，热闹非凡。这么繁重的任务压在叶冈身上，又忙又累是不用说了，但叶冈虽苦犹乐，心情是舒畅的。他在回忆这段经历时说："从1959

年的国庆文汇专页到1961年的各种文艺问题讨论：喜剧、轻音乐、山水花鸟，形成一个轻松系列，以适应当时宽松要求的需要。文艺报道可算得充分而高质量，过手的佳作一篇又一篇，编者的乐趣莫过于看到这些稿件发排、成型、浇版、印出，受到读者的欢迎。"

但从1964年开始，情况急转直下，先是批判《早春二月》和学术上的无差别境界，继而批判历史剧《海瑞罢官》和让步政策，学术性的辩论为政治性的批判所代替，这时的报纸出版秩序被打乱，经常要换稿子调版面。叶冈一直要加班加点，常常连续二十四小时不休息，几天不得回家，弄得惶惶然不可终日，身心疲惫不堪。叶冈"文革"后期入上海古籍出版社当编辑，陆灏曾力邀他回文汇报，他去意已决，不愿再回报社工作，与此也不无关系。

在古籍出版社任编审期间，他发挥所长，编出了《农政全书校注》《崔东壁遗书》《古史辨》等几部好书。他说在古籍倒是认真读了点书，言谈间，我感觉出他对在古籍的十年是充实和满意的。

本来叶冈自己也是可以写很多东西的，但不论编报编书，他都是兢兢业业，心无旁骛，甘为他人作嫁衣，而自己写得少。直到1985年退休后，他才开始写他自己经历过的事，写他亲近的熟识的人。先是完成和出版了写他大哥的《浅予画传》，以后又陆续发表了回忆文化界郁风、黄苗子、黄永玉、丁聪、戴爱莲、唐振常、特伟等同事好友的文章。这些文章在他故世后结集成《散点碎墨》一书出版。

关于这本书的出版经过是这样：

我一直喜爱叶冈的文笔，他发表的文章，很多我都仔细拜读过。他逝世后，我就建议米羊（叶冈之子）把这些文章汇集起来出本集子。这正合米羊母亲的意，原来这也是叶冈的遗愿，他生前就拟定了一个极为自谦的书名"散点碎墨"。

我找萧关鸿一谈，他一口答应。他说这事完全应该，是忽略了。后萧关鸿离任,由桂国强负责文汇出版社工作,我又找了桂国强,他也很支持。商定请黄苗子作序。正当筹备出版时,北京传来郁风逝世的消息,黄苗子突遭鼓盆之痛,我们担心他会因此而无法作序。过了一段日子,黄苗子的序言寄来了,还用篆体题写了书名。黄苗子的这篇序大好,找他写序真是找对了人。

叶冈晚年深受老慢支之苦,身体很差,这与他常年案牍劳顿、缺少运动有关,也同他当年吸烟有关。上世纪六十年代初,文汇报有很多人吸烟。不是那种卷烟,是烟斗,像华君武漫画《决心》里的那种。记得夜班有刘火子、徐里平、蒋定本,教卫部有全一毛、陆平,文艺部则有叶冈、章绳治、朱近予。烟丝是熊猫牌的,一个小圆盒,上印有"panda"字样。我与叶、章同坐一室时,见他们手上忙着活儿,口中叼着烟斗,常常烟斗中的烟丝熄了火却浑然不知。吸烟有百害无一利,叶冈患上老慢支,肺功能受到损害。后来虽然决心戒了,但老慢支却成了顽疾,最后几年他连说话都觉得累。我们同住中山公园苏家角时,有时见他从小菜场拎着一小兜菜回家,几百公尺的路,要歇上一两回,他不光腿力不济,气也接不上。他最后的病由复发肺炎开始,导致肺功能衰竭,不幸于2004年8月30日告别人世。享年八十五岁。

送别仪式9月4日在龙华殡仪馆净苑举行。这是个小厅,到的人不多,主要是文汇、古籍两单位熟识的同事和叶家的亲戚。这也符合叶冈一贯低调的做人风格。

厅中两边写的挽联是:编报编书编心传兢兢业业,为文为人为道义端端正正。朴素,实在,无虚饰,概括了叶冈做事为人的一生。

刊2012年9月16日东方早报

吴冠中先生的心愿

画是吴冠中先生的生命,如何安置她们,成了他晚年想得最多的事。他把这看作是嫁"女儿",他要为她们找个好"婆家"。

上海自然是吴先生看重的地方,因此上海美术馆是他赠画最多的美术机构之一,而他给上海赠画,最早始于他赴沪举办他的艺术回顾展。

2005年秋,吴先生在上海美术馆首次举办他的艺术回顾展。其实这次画展的筹备工作早在两年之前就开始了。

2003年8月上旬,文汇报的小陈陪同一位女士找到我,说上海美术馆想请吴冠中先生来沪办画展,要我帮忙邀请吴先生。

吴冠中先生潜心丹青,以毕生精力,致力于油画民族化和中国画的现代化,成果卓著。如能邀请他来沪办展,是好事,我自然愿意尽力促成。于是我写信给吴先生,告诉他说:"上海美术馆极欢迎您来沪办画展,曾有人来我处谈过。"

"上海我印象您还没单独办过画展。上海现在的情况应该比过去好得多,对文化交流活动也很重视。不知您的意见如何?您若愿意,经费由上海方面设法。时间今年来不及,当在明年。明年正好是您八十五岁。具体时间由您定。"

写这封信时我也不是没有顾虑,由于"炮打"一画引发的官司对吴先生的伤害,吴先生很长时间难以释怀。所以我写信向他打招呼,让他有一个思想准备和考虑时间。信中我特别强调了上海的变化和对文化交流的重视。

信是8月24日发出的,9月1日就接到吴先生的电话。他说,夏天他一直住在龙潭湖画室,一次回方庄才看到我的信。他欣然同意来沪办画展,他对我详细谈了有关展期、规模、赠画等设想。他说,广州美术馆王璜生也邀请过他,他意思上海、广州可以办联展,说这样可以节省开支。吴先生说,时间以第二年(即2004年)10月为宜;展期一个月;共展出六十幅作品,油画、彩墨各三十幅(后又增加素描等作品,实际展出共九十六幅),要占用美术馆底层两个大厅。并主动提出,届时会向上海美术馆赠送五件作品(实际捐赠六幅)。他设想得很周到,所有画作都从北京他家中运上海,即使有少量要向人借的,也都由他负责解决。

没想到事情进行得如此顺利,当我急于要把这好消息转告上海美术馆时,却久久联系不上美术馆领导。由小陈陪来的那位中间人这时却并不十分积极,以致拖延了很多时日,足足过了两个月,直到10月30日,我同上海美术馆李向阳先生见了面,当面向他说明了吴先生的想法。

李向阳先生听了吴先生的设想很高兴,他首先表明,吴先生的画展作为上海美术馆的正式邀请展。他说,过去上海美术馆派人联系过吴老先生,但未有结果。李向阳先生还说,上海美术馆藏画中没有吴先生的作品,是个缺憾。想从市面上收购,根本没有这个能力,所以想通过举办画展得到吴先生的赠画,并希望是精品。我告诉他,吴先生主动提出要向美术馆赠画。不过这赠画是美术馆永久藏品,不能变成钱,办展费用要另外设法解决。他说,所有费用由美术馆设法解决。

时间到了2004年,由于上海美术馆展事任务重,有全国美展和上海双年展等展事活动,吴先生画展的日期迟迟无法排定,我有些着急。吴先生觉察到了,他热情地说,如10月与全国美展有冲突,可改在别的时间,他不会有意见。后美术馆方面设法排在7月,这时已是2月,显然时间太匆促,准备工作来不及。他又安慰说,"不急。只要美术馆想办,我总会支持,完全不要有思想负担。"我的心才稍宽一点。

想不到6月中,在美术馆排出展期的时候,我却怎么也无法与吴先生通上电话。我预感吴先生可能病了。

我知道,这对吴先生,对上海美术馆都是一次历史性机缘。我不敢稍有懈怠。经不断电话联系,终于联系上了吴可雨,证实吴先生确实病了,正住院治疗。吴先生这人,最不乐意让他做他不愿意的事,但只要他答应了,就一诺千金。虽在病中,他仍让可雨代表他与上海美术馆方面商议画展事宜。但可雨在北京待的时间不长,过几天他就要回新加坡。等把双方见面的时间约定,他们如期在北京碰了头,我如释重负,心中一块石头算是落了地。

吴先生对这次展出如此重视,是因为他心中有一个意愿。他说:"我年岁大了,对我来说,办不办展览已经无所谓了,只是想在一些地方留下一点东西。"认为"上海是个重要城市,应当留一点东西在那里"。1999年文化部为他在中国美术馆办展那次,他向国家捐赠了十幅精品力作,他说他也会选自己最满意的作品赠送给上海。

他的画展开幕前,我打电话向他祝贺。这天他心情很好,跟我谈了很多。他说他八十六岁了,晚上常常睡不好。对是否来上海参加开幕式也很犹豫,怕累;心里还是想来一次上海,趁此机会见一见老朋友。又说,这是他最后一个画展……我不让他说下去,急急说:"那怎么会。"

9月9日下午开幕式前,我约了楚良兄一起,在美术馆贵宾室与他匆匆见面。乍见面,我心里不由一惊,面前的他,脸形瘦削,面露倦容。我才明白那次病对他的打击有多大,也懂得他在电话中说的那些伤感话。但这天他显得很高兴,新理了发,还特地穿了一件大红夹克。红色是他最钟爱的一种颜色,可见他当时的心情和对这次画展的重视。

吴先生对上海的这次画展很满意,返京后来信说,他感谢上海为他创造了这次展出机会。我后来虽没再参与其事,但曾为这次画展操过一点心,吴先生满意,我也感到欣慰。

2004年那次大病之后,吴先生明显加快了安置他作品的速度,从2005年那年开始,吴冠中先生在上海举办了两次大型画展,先后三次捐赠给上海美术馆画作八十七件,使上海美术馆成为收藏吴冠中画作最多的美术机构之一。

现在吴先生虽然已经离我们而去,但他的画作都已无偿捐赠给了国内及海外各美术机构,得到永久保存,成了社会和人类的一笔可贵的精神财富,供人们观摩、欣赏。我想这是吴先生最可安心的。

刊 2012 年 9 月 14 日新民晚报

忆沈从文先生

1987年末，我去北京组稿，住在崇文门东大街文汇报北京办事处。获悉沈先生就住在这条街上，相距不过一站电车路程，步行也就十来分钟吧，便约了荒芜先生一起去看他。

那天是12月28日。沈先生正坐在客厅里看报，见了我们，便放下报纸站起来招呼。

沈先生客厅的西墙和北墙立两排书橱，东墙边有两张单人沙发，中间茶几上安一架电话机。地上铺地毯，朝南临窗是一张写字台。沈先生穿一身中式浅灰色棉袄，坐在客厅正中一张藤椅上。十二月的北京常飞雪，这天的天气却特别晴暖，满室阳光，又有热水汀发出的暖气，融融如春日一般，略显瘦削的沈先生兴致极高。

沈先生夫人张兆和听说我是文汇报记者，赶忙问："不是来采访吧？"

原来沈先生于1985年他八十三岁时得小中风，引起左边半身不遂，经过治疗和精心护理，才慢慢康复了。荒芜先生说，沈先生恢复得这么好，老朋友都很欣慰，都说这是个奇迹。

当时沈先生还在康复中，对来访者，张先生都婉言谢绝，自然更怕记者采访。但沈先生是个热情好客的老人，见了荒芜，十分高兴，仔细询问他身体状况，反倒忘了自己的病；还一起回忆1937年抗战全面爆发后撤离北京的情景。当时他与朱光潜、李健吾、杨振声、叶公超等编的《文学杂志》已因"七七"事变停刊。先生满口牙齿脱落，说话口齿不清，往往须由张先生从旁翻译。但他头脑清晰，记忆力极强，说起往事，历历如在目前。

沈先生听说我还没有见过《中国古代服饰研究》，便让助手王亚蓉从书橱里取出来。这是一本极精美的大型画册，香港商务印书馆1981年出版，共印三千册。

沈先生是著名作家，但他后来成了一位文物研究专家，这是一种无奈的转业。他那微薄的收入都用来买了文物：宋元旧锦、明式家具、各式玉器……他的这本《中国古代服饰研究》，可说是他在故宫博物院工作时的副产品。

在很长一段时间里，沈先生在历史博物馆工作，后又转入故宫博物院织绣馆工作，他为展品写说明，给参观者作讲解。就是在这样的境况中，他依然做着他的学问——研究中国古代服饰。

这本画册，有的是在湖北咸宁干校看菜园子时凭记忆写的，大部分是从干校回家后所写。

他写作时的条件也很差。他原有三间房，去干校后就只留给了一间，在东堂子胡同。后来他夫人退休了，又增加了一个房间，在小羊宜宾胡同，两地相距二里路程。因为两个房间实在太小，两人只好分居，老夫妻俩一个西，一个东，过起了牛郎织女般的生活。

于是每天下午五时，他带着一个竹篮子，从东堂子胡同出发，去到小羊宜宾胡同吃晚饭，并把第二天的早饭和午饭带回去。荒芜有一诗专写此事："漫言七六老衰翁，百事齐头并进中。夜坐空庭觇织女，鹊桥何日驾南东！"

这实在是十分奇怪的景象,我一边翻阅手中的皇皇巨著,一边想着面前这位安详的老人在那样艰难中工作,真让人欷歔不已!

关于古代服饰研究,沈先生本来有个写作计划,他要写一系列的研究论著。这一个综合本是受命为国宾礼品而编的。书中随处可见他新写上的蝇头小楷,有的地方改正错字,有的地方增加一两句话。有一处他嫌图版做小了,写着需放大的尺寸。沈先生似乎有一个习惯,他的著作出版以后必定要再仔细校阅一通。姜德明先生曾淘到一本《边城》,是沈先生的自藏本,不知怎么流失出来,被姜先生觅得。据姜说,这本书沈先生读过三遍,每次读后都记下年月,而且每次阅后都有不同程度的改动。可见沈先生做事的严谨和认真。

沈先生买的文物图书,全是为研究用,并不深藏不显,因而一些重要资料、图书常被人借走,这给他的研究工作带来极大困难和苦恼。他在一封给魏荒弩的信中写道:"最感到无办法的,即我充满好意和热心,把一些重要资料借人后,收不回来,可谓糟糕之至!内中包括两本《中国丝绸图案》,两本《丝绸之路》,一本《丝绸花纹发展史教材》,一本《中国漆工艺史教材》,几份《金银错放大摹绘图稿》和一系列的图书(大都孤本无处可买),借去时充满好意,因此从未记下某人某机构,现在已再也难记住这些人姓名和工作单位……"他说他"唯一希望,是在不久将来,换个稍宽阔些的住处,能有机会把材料摊开","又能有个什么办法,使得那些过去借用我材料的朋友,也能回报一下我的好心,能一一把借去的图书资料见还。公家有意无意没收我的一些材料,也即早能够体谅到我工作上的困难,即早能还给我。"他的这个愿望当然只能落空。

《中国古代服饰研究》就是在这般艰难中完成的。书出版后,以它的学术价值和艺术价值受到重视,台湾分两册精装翻印,还删去了郭沫若先生的序,甚至连沈先生的名也没署。说到这里,沈先生只是淡然一笑。荒芜还提到,国内有一家出版社出了本《沈从文自选小说集》,别人见了书去问他,他压根儿不知道有这件事,出版社连个招呼也没同他打,更遑言自选。

  据他的助手王㐨和王亚蓉说,这本古代服饰研究本来要出外文版,无奈翻译太难,一直未能进行。

  怕沈先生太累,我同荒芜先生一起告辞,我想今后还有机会的,不想次年5月10日,沈先生就悄悄走了。

刊 2012 年 4 月 27 日文汇读书周报

秦瘦鸥与《秋海棠》

与秦瘦鸥先生相识，是因了杜冶秋的关系。黄佐临夫人丹尼是冶秋在上海人艺学馆时的导师，她不幸失去定位定向能力后，冶秋写了篇文章，回忆丹尼良好的师德师艺。文章经秦老寄到文汇报，正好由我经手编发。

其实我和冶秋早就相识。文章发表后，我给冶秋写信重续旧谊。很快收到冶秋回信，并热情向我介绍秦老，说他们是多年的忘年交。由此我和秦老开始了书信往来。

第一次去秦府记得是在一个夏末，这是次礼节性拜访，我坐不多久就告辞了。记得他问起了报社的一些老人。原来他早年在香港文汇报当过副刊部主任，与从香港回沪的"老文汇"共过事。

秦老虽年逾八旬，但对社会活动和公益活动十分热心。他是嘉定人，那年他应邀回家乡，《展谒郑和纪念馆》就是他去浏河参观后写给我的第一篇文章。

浦东开发肇始，曾邀请文化界知名人士游览并征询意见，他也参与其事。1990年冬，作协上海分会组织去上海宝钢参观，我担心他年纪大，天又冷，劝他别去，他好像舍不得放弃。

1991年8月30日，上海百名作家赈灾义卖签名本,他积极响应,设法搜集了二十本《梅宝》送去,每本都工工整整签上了自己的名字。我对他说:"你应该送《秋海棠》才对。"还告诉他福州路上海书店有这本书卖。我只是随口说一句,谁知他听了很高兴,托人去书店购买,还打电话到家乡新华书店询问。后因这书早已售罄才作罢。

秦老古道热肠,为人爽直,快人快语,大家都愿与他交朋友。有一次,他要我与杜冶秋、冯庆龄夫妇去他家吃饭,我看冶秋夫妇一到他那里就像到了长辈家一样。特别是冯庆龄,帮着买啤酒、桔子水。那天餐桌上有虾,有鱼,她不是剥壳就是剔刺,才把鱼虾送到秦老的碟子里。毛豆是当时的时鲜,盐水毛豆成了我们的最爱。不一会儿,每人面前就堆起了一大堆壳。她见了,便取来一叠废纸片,每人面前放一片,让大家放豆壳。见堆得满了,便拿到厨房去倒掉。而秦老就像慈和的长辈,由着她进进出出,忙忙碌碌。那怡然之乐,经历过人际关系极不正常年代的人,便感到特别的温馨、亲切。

秦老本名秦浩,又名秦思沛。他毕业于上海商科大学,学的是经济,但他酷爱写作,毕生致力于文学创作和翻译,且以秦瘦鸥之名享誉文坛。他的长篇小说有《秋海棠》《危城记》《劫收日记》《梅宝》《第六桩离婚案》等,散文集有《海棠室闲话》《晚霞集》《戏迷自传》等。

他的代表作《秋海棠》写军阀时期一个京剧男旦的悲惨一生。这部小说最早由上海申报连载,那是在"八·一三"上海抗战前。秦老写完小说后,与他好友陈存仁商量能否交新闻报连载。陈是沪上著名中医师,平时喜爱写作,在新闻界有很多熟人,便介绍他与新闻报严独鹤认识。不巧,新闻报当时已决定连载张恨水《啼笑因缘》。陈便又辗转相托秦与申报"自由谈"编辑周瘦鹃认识。秦先将译著《御香缥缈录》《瀛台泣血记》送申报投石问路,结果大受读者欢迎。于是《秋海棠》的发表便成了顺理成章的事,1941 至 1942 年经申报连载,引起轰动。接着由筱月珍、邵滨孙改编成沪剧,演出后场场满座,连演达数月。秦又请黄佐临、费穆、顾仲彝三人看戏,黄见观众反应如此强烈,便亲自动手,把它改编成话剧,在卡尔登剧场(即长江剧场)演出,由石挥饰秋海棠,沈敏饰罗湘绮,穆宏饰军阀,英子饰梅宝。演出盛况空前,打破话剧界前所未有卖座纪录。由于连续演出,演员劳累过度,纷纷病倒,不得不采用 AB 制。B 角分别由张伐演秋海棠,韦伟演罗湘绮,梅宝一角无人代替,英子病了也不得不上台演出。秦老实在不忍心,带她到处诊治。英子患的是肺痨,须打盘尼西林,药如金价,朋友们伸以援手,热心观众得悉,纷纷慷慨捐助。终因病势严重,英子最后病逝于虹桥医院。

《秋海棠》通过一个京剧演员的爱情及其悲惨的遭遇,在一定程度上反映了社会现实,引起人们的同情和关注,有关秋海棠的原型,在当时也有种种猜测。我曾问过秦老,我说:"有文章说秋海棠的原型是黄桂秋,是不是这么回事?"黄桂秋是江南著名青衣。江南的京剧界出了三大流派,即老生"麒派"周信芳,武生"盖派"盖叫天,和黄桂秋的青衣"黄派"。秦老说,他从没有与黄桂秋交往过,只是看过他的戏。"自然秋海棠是糅合了几位京剧演员的某些成分的,但不是黄桂秋,而是程砚秋、毛韵珂、何雅秋诸先生。如秋海棠毁容后隐身农村的情节,是受程砚秋先生抗战时隐姓埋名、躬耕田垅的事迹发展而来,至于生育梅宝的情节就全属虚构。"

《秋海棠》主要情节源出于这样一段史实:1926 年奉军将领褚玉璞借口赤化,杀害了正在天津演出的上海京剧演员刘汉臣、高三奎。其实真正的原因是刘、高二人与褚的两个姨太太有染。事发时，京津两地梨园同行曾多方设法营救，还通过梅兰芳，请当时奉军副总司令张学良帮忙解救。张答应帮忙，打电话给褚，要褚放人。褚回说，人已枪毙。实际情况是，褚在接到张的电话当晚才急急忙忙下的毒手。刘、高二人死后，褚还用刀在他们脸上乱剁，以发泄心中怨毒。此事发生时秦瘦鸥才十五岁，但给他的印象极深。随着他的阅历渐增，及与戏剧界朋友的交往、熟识，便有了《秋海棠》的问世。

秦老1956年从香港回沪后进入出版界，但对戏剧仍有浓厚兴趣，与戏剧界朋友往来密切。1991年3月中旬，我们相约在巨鹿路北海渔村相聚，他还约了作协的一位朋友。原来当时京昆泰斗俞振飞九十华诞暨舞台生活七十周年纪念演出活动正在筹备中，秦老拟就了贺联，约好了书法家。他要托作协那位朋友帮他买宣纸，并详细交代了买什么宣，尺幅大小，从中也可看出他与俞老的深厚友谊。

秦老在中青年演员中也有很多朋友，对他们十分关心。京剧演员关怀（关栋天）、昆剧演员华文漪是他经常和我谈起的。史敏（史依弘）初工武旦，出道不久，秦老就很关心她，专门撰文在文汇报介绍。他让我去看她演出，他说史扮相俊，身段高挑优美，武功扎实，动作舒展洒脱，不仅武功超群，唱也很有前途。他希望她能向青衣发展。秦老爱才之情溢于言表。如今史依弘已经成长为一代名演员，秦老在天之灵一定会很高兴的。

刊 2010 年 11 月 17 日文汇报

不期而遇

冬季的黄昏来得早,暮色苍茫中路上行人稀少。东总布胡同一带古都风貌依旧,心中蓦然涌起缕缕旧日情愫,脚步不由慢了起来,独自一人在胡同里踽踽而行。瞥见胡同口闲站着一个人,这原也最寻常不过,我管自走自己的路。贼怪,觉着身后那个人仍在注视我,便忍不住转回头。

"啊,是你!"我们俩同时脱口而出,谁也想不到会在此时此地不期而遇。

他是文汇报北京办事处交通员赵成学,我们都喊他小赵。其实是应该喊他大赵的,因为他是标准的北方大汉。由于办事处还有内勤赵隆赵大爷,大家便都喊他小赵。

在办事处,小赵每天要把从上海航带到北京的纸型送人民日报社,同时把编辑部的信件分送到中央各部门。北京的文件、稿件也都由他装空纸型筒航带上海。有紧急的电报稿也要他去电信局发送。反正吧,事不多,却天天闲不着。

小赵不吃荤,连鸡蛋也不吃。我奇怪,他是党员,很小就参加八路军,不该是佛教徒的。后来才知道,他是京郊门头沟人,小时家里穷,从出娘胎就未吃过半点荤腥,便落下了滴荤不沾的毛病。

那时他妻子在街道工厂做工,夫妻俩不多的收入要养活两个孩子,日子过得紧巴巴。他本来个大胃口大,肚中缺油水,粮食就更吃得多,加之孩子都是长身体的年岁。有次我有事去他家,他妻子正做晚饭,只见她把茄子(北京的茄子大得惊人,我第一次见,印象深刻)切成块,放进锅里,再加点盐,煮了一大锅。这就成了他一家的晚餐。他常常粮食不够,办事处的同事便常支援他一点粮票,他心里自然感激,但嘴上却并不过多表示。

"文革"期间,办事处的编辑记者全部回上海参加运动,让我在北办留守。那时办事处的业务几乎停顿,但常有非业务性突发事件需要应对。比如吴闻的丈夫不堪人格侮辱,在空寂寂的房子里含恨自尽。又如王荫萱遭受红卫兵抄家……都是他陪同我赶去处理交涉,表示关心。但在那黄钟毁弃,瓦釜雷鸣的年代,这种关心是多么无奈和无力呵!

1966年冬季的一天,河北某学院一个"红卫兵"头头看中"北办"这闹中取静的独立四合院,要占这地方作他们的"司令部"。他在院中兜了一圈,丢下一句话:"一是你们自己尽快把房子腾出来,一是过两天我带几百人来帮你们搬家。"临走还拔了一个居室钥匙带走了,容不得你说半个"不"字。这事非同一般,不仅办事处的一切文件、资料、图书无法保护,职工住家也有被侵占的危险。更可虑的是,一旦打起派仗来,这里就难逃"战火"之灾。当时上海编辑部对北办已无暇顾及。小赵见我着急,便安慰我,要我外出躲一躲,或干脆回上海,由他出面应对。他说,我反正一个工人,你不在,他们也不能对我怎么样。我知道他这个人太老实,没有应对紧急事态的能力,我职责所在,不能一走了之,一定得设法自救,保证办事处的安全。

当年北办党的关系在人民日报社,人民日报总编办主任又曾在解放日报工作过,有这么两层关系,我便打电话向他求援。他给我出了个主意,以文汇报北京办事处名义,向北京市红卫兵接待站要求接待任务。当时红卫兵串联风起云涌,这主意与我想的不谋而合。这之前我也曾先后接待过文汇报和解放日报的半工半读学生,也接待过上海京剧院学馆学员,只是这次人数比较多,又是寒冷的冬天,于是我便动员办事处家属,匀出一些被褥、毛毯,要赵大爷把夜里的热水汀烧得暖暖的,让会议室、办公室、暂时空着的房间都安排住上外地红卫兵。这一招果然灵,那红卫兵头头前来一看,满屋子都住满了人,都是"毛主席请来的客人",他自知无可奈何,咕哝着无趣退去。

当时文汇报北办在东城区朝阳胡同二号。为避免今后再引来不必要的麻烦,我让小赵把灯市西口朝阳胡同边的指路牌给拆了。我想就是那块"文汇报北京办事处"的路牌把那个红卫兵头头招引上门的。

是小赵、老赵、程斌(小车司机兼管伙食)他们和我一起度过了那段艰难的时日,一晃已过去了二十多年。

我问小赵怎么会在这里。他说他家就在这幢楼上,并热情邀我上他家。

记得当年我去过的他家,是大杂院里的一个小间,房内几乎没有什么家具。现在他住在一幢新建的居民楼里。他住在三楼;二居室,前后二间是卧室,中间是厨房和卫生间,以及一个不大的过道厅。他夫妻住前间,小儿子住后间。房内收拾得很整洁,家具也是新添置的。还装上了电话,而那时上海装电话的还不多。小儿子在人民日报海外版工作,还没下班。他拉我到他儿子房间看看。他小儿子房间布置得很艺术的,与父母完全两种风格。他另有一套住房在二楼,归他大儿子住。这样的住房条件,是他从前想也不敢想的。

小赵已经离休,他原来是个平凡的人,离休前做着平凡的事,因此离休后倒没有别人那样的失落感。他是个本分的人,参加革命是为了挣脱苦难,有安适的生活。这生活如今大家都得到了,他也得到了,虽然对他来说迟了点,但我感觉得出,他是很满足的。

附记:此文写于上世纪九十年代初,当时去北京组稿。至今又过去了十六七年,不知小赵可好。想来他也该是耄耋老人了。

顺便要提及的是,1988年夏秋之交,我去团结湖中路访楼适夷先生,他告诉我,吴闻也住在附近。"文革"后,吴闻与她早年的老师夏承焘结婚,其时夏也已故世。我循址找到吴闻。往事不堪回首,我们交谈只限于互问平安。临别时,她交给我一篇马叙伦的旧作,是评论夏承焘先生词作的,题目《上揖灵均下攀柴桑草堂——读夏瞿禅先生词后》。我编后发表于1988年9月3日"笔会"。

刊 2010 年 1 月 30 日文汇报

在上钢五厂的日子——纪念孟凡同志逝世两周年

收到微昭学兄的一篇文章,是怀念孟凡同志的,才知道孟凡同志已于 2003 年 5 月 12 日逝世,且生前一直很想念我班同学。有关孟凡同志的情况,我是知道一点的,北京同学与他常有联系。看了微昭的文章,我还是受到深深的感动,想不到他是如此惦念我们。我过去也时有机会去北京,却没有主动去看望他,如今却再也没有机会了。

1958 年,为贯彻党的教育方针,实行教育为无产阶级政治服务,教育与生产劳动相结合,复旦大学新闻系师生决定下乡劳动一年。原计划到安徽农村。为此,我还做了一些准备,去生物系学习抗菌素制造,掌握了刮菌、接种等基本操作规程;又参加了上海市农业合作干部学校的拖拉机训练班,学开拖拉机。地点在真如,新闻系有二十多名同学参加,三年级有我和刘树田。我是南方人,要去北方农村,生活上免不了也要做些准备。二哥特地为我购置生活用品,我们在南京路西藏路口的皮件商店买了一只帆布箱,在市百一店购了一条球裤,两双长筒线袜和一只手电筒。

也不知什么原因,我们最后没去安徽,改去了上海近郊。我们于 9 月底赴宝山罗店农村,参与农村公社化运动,在跃进公社与农民同吃同住同劳动,参加了夏收秋种,共同战天斗地。之后我们四年级乙班全体于1959年1月5日转往上钢五厂,边劳动边办合金钢报。

我们全班同学分配到全厂各个车间,跟工人师傅一起三班倒,我分在转炉车间。上班时穿上厚厚的帆布服,跟着师傅学砌平板。那是把钢水浇铸成钢锭的一道工序。我们先把一只只钢模树在平板上,中间树一个钢水的浇铸口,大钢包由行车吊着把钢水倒入浇铸口,钢水通过平板间的耐火材料管道流向各个钢模。我们就是在平板上砌耐火材料管道。那平板常常是火烫火烫的,我们工作时都穿木拖鞋。有次,行车吊的石灰包不知怎么掉落下来,把两位工人给砸死了。那以后,凡见了那行车吊着大钢包在头顶上穿梭往来,心里真有点吓势势。

在上钢五厂也有巧遇。在电炉车间劳动的女同学王绿萍,一次巧遇一位中年画家。那画家她也不认识,却热情地为她画了张素描像:圆圆的脸,身后垂着粗粗长长的辫子。一看签名,竟是后来鼎鼎大名的程十发。

她毕业后去了四川成都,在四川省新华书店待了二十年,直至1980年才归口到川大新闻系任教,长期从事中国新闻史的教学工作和四川报刊史的研究。她抓紧这一宝贵的时机,焚膏继晷,惜时如金,兀兀穷年,完成《四川报刊五十年集成》书稿逾百万字,编著出版了《四川近代新闻史》专著,得到了中国新闻史专家方汉奇教授的高度称赏。此是后话。

其时孟凡同志挂职在上钢五厂,任党委副书记,分工负责全厂宣教工作,我们便属他领导。原来他与复旦党委书记杨西光是新四军时的老战友,是他们二位商量决定,让我们去上钢五厂创办合金钢报。那时孟正当盛年,戴一副金丝边眼镜,眼睛常带微笑,和蔼可亲。平时则常穿一件中山装，到了冬天办公室烧暖气，见他只穿一件软缎紧身对襟拉链丝棉袄，精干儒雅，在钢铁厂显得与众不同。孟凡同志对我们这批青年倾注了无限热情，一开始就从政治上、思想上、工作上和生活上关爱我们，同学有什么苦恼也都愿意找他谈，他把他和我们小班同学称兄弟姐妹小组。在结束在上钢五厂锻炼的联欢晚会上，他作了临别赠言。那是1959年4月8日晚，孟凡同志是语重心长，同学们也是纷纷发言，畅谈收获，晚会一直延续到深夜十二时。就在那次晚会上，他代表厂党委向我们每人赠送一个笔记本。孟凡同志还亲自为每个同学题词留念。写给我的一段话是："要有热情，你们要记住：科学需要一个人贡献毕生的精力，假若你们每个人有两个生命，这对你们说来还是不够的。"这是巴甫洛夫的话。孟凡同志不愧是党有经验的思想政治工作者，他的话有的放矢，对我是鞭策，让我铭记于心。记得第二天，4月9日我们回复旦那天，全班同学和五厂领导在电炉车间的高墙前合影。

这天，正好中央党校杨献珍来五厂，孟凡同志大概忙于接待，没有赶上与我们合影，下午他特地赶到我们住地上棉八厂送行，补拍一张兄弟姐妹小组合家欢。孟凡同志回中央党校以后，曾受到康生夫妇的迫害，说他鼓吹"合二而一"，为杨献珍翻案。在上钢五厂与我们班同学的"兄弟姐妹小组"一事，被曹轶欧诬指为拉拢、腐蚀青年，拉帮结派搞小集团。我当初听了啼笑皆非，很不以为然，真可谓欲加之罪何患无辞。

后来知道，孟凡同志在关于真理标准讨论中，做了很多幕后组织工作，为这次大讨论作出了自己的贡献。当时他任中央党校理论教研室副主任，是"理论动态组"最早的成员之一，参与"理论动态"的创办。后来，又是他把时任光明日报总编的杨西光带到胡耀邦处，介绍两人见面，由此引发了一场关于实践是检验真理的唯一标准的大讨论。这次大讨论，冲破了两个"凡是"的束缚，确立了解放思想，实事求是的思想理论基础，在党的历史上起了极大的影响。

再过三日，是孟凡同志逝世两周年忌日，作此以为纪念！

原刊 2005 年 5 月 15 日《六零通讯》

画外的抒情

冠中先生未曾想出文集,他说他虽然爱好文学,曾遗憾当初学了画而没从事文学。毕竟半个多世纪来,他所孜孜者是画画,在画画之余,才写了些文章。出文集,他说还不够。

这是吴先生自谦。是关鸿力促,才说服了他。

那是1998年年初,他来沪参加他的一本书的首发式时谈妥的。他并再次让我协助他编这一套文集。之后,他便把他所有在海内外出版的集子托人捎来。由于这些集子是在不同时期,根据不同要求编辑出版,各本间的篇目就不免有重复,我筛去重复的篇目,连同他在各地报刊发表而未收入集的,以及他所有画集的前言后语,和为师为友的文集、画册写的序跋等共370篇,编成艺术散论、散文随笔、生平自述这样的三卷本文集。

我同吴先生约定,只要出版时间允许,凡有新作都要尽可能收入。因此,这套文集几乎收入了吴先生至今为止的全部文章。

与吴先生相识于1992年。其时,我刚编"笔会·艺谭",正留意既懂艺术又擅写的作者。一次采访魏荒弩先生,他热情地说,他有位晚辈,是吴冠中先生的学生,并立即安排我们见面。是时,吴冠中先生与他的众多学生刚举办过师生联展,出过一本《吴冠中师生联展画册》,是这本画册中的一篇序,让我认识了散文家的吴先生。

在很长一段时间里,吴先生的文名为画名所掩,这也是很自然的;作为散文家的吴冠中,近年来才越来越受到人们的注意。

言为心声。吴先生谈到他写作的初衷时,说:"有时,多次画想表现的意境,总画不好,原来那美感并不显示在单一的具象中。于是改用文字来捕获文思,抒画难抒之情,这便是我在画之余写文的开端。"他为文,始终坚持必"有真情实感才写"。他写每一篇文章,都是因为他心里有话,不吐不快。他作文和作人一样,他写他自己之所见所闻所思所感,不应时俯仰、随人短长。

吴先生不求以文名世,文章便不必刻意"做"。他的文章朴质清新,所用语言自然真率,洗尽雕饰。舒湮先生读了吴先生的文章,极为激赏,赞其"风格清新","一似法绘之超尘耐人寻味"。

作为画家的吴冠中,他热爱大自然,长期奔波在祖国的山水间,数十年来,他踏遍水乡山村、丛林、雪峰,住过大车店、渔家院子、工棚、破庙……每到一地,他常常顾不上休息,就背上沉重的画具,寻寻觅觅,去探寻山水胜景。

七十年代末,他为人民大会堂湖南厅创作湘绣画稿,画成后,问他对报酬的意见,他唯一的要求是能派一辆车,让他到湖南各地写生。那时,张家界还远没有现在这样出名。他来到了张家界林场,发现这里太美了,一头住进了工人的工棚,又画画,又撰文,热情介绍,称它是失落在深山的一颗明珠。如今张家界已成为扬名海内外的旅游胜地。

由于画家对自然界的四季变化,阴晴对比,光色转换特别敏感,所以读他的这类散文,就如欣赏他的无形画作,是一种极快乐的享受。

收在这文集中的每篇文章,除了个别字误植及引文有误的作了改正之外,都保持了第一次发表时的原貌。吴先生曾说过,"即使今天看来有不妥或幼稚处,也不改",他说这是为了"保持个人历史的真实"。吴先生追求本真,读吴先生文集,也即是读吴先生这个人。

刊 2000 年 6 月 11 日新民晚报

繁星入梦正少年——回忆母校胶南中学

1993年4月17日,我和上海校友回母校无锡胶南中学访问。四十多年不见,母校已不是记忆中的那个样子,近旁的农田已经不见,校园后面的农舍已被新建的教育大楼、教工宿舍所代替。但那旧的教学楼还在,它使我回想起在胶南的种种往事。

胶南中学是一所民办农村初级中学。因位于西胶山之南,故名。校歌"风云久暗中华土,鸡鸣不已天欲曙",表明了学校创办的时代背景。

1944年初,胡家渡地方有识之士胡爱仁,倡议创办胶南中学,商请孙荆初先生担任校长。

孙荆初(1902.7—1965.12),无锡现代著名教育家。他1933年7月毕业于北京大学文学院西洋史系。毕业后,曾先后在山东省立济南师范、江苏无锡梅村吴风中学(中共锡东县委领导创办)执教,办过村前临时小学和村前暑期中学补习学校。抗日战争时期,坚持在无锡北乡教书育人。他坚守民族气节,抵制奴化教育,拒绝日伪委以要职的引诱,为培养农村贫寒子弟不辞辛劳。受聘胶南中学后,他克服初创时财力、校舍、师资等种种困难,使学校很快步入正常发展时期。等我进校时,学校已成规模,一排十二间的二层楼校舍早已建成,不再借用小学部的课堂上课。

现在,这排校舍已经很旧了。就是在这幢旧楼房中,度过了我三年初中生活。

我是1949年秋进入胶南的。我家世代务农,兄姐中最高学历是小学。就在这一年,人民解放军渡过长江,解放了长江以南广大地区,我才能进入初中继续求学。当时锡澄公路无锡段沿线有天一、胶南、胡氏三所私立中学。其中,胡氏中学创办最早,胶南与天一相继创建于抗战胜利前后。

胶南的学生来自邻近乡镇农村,也有无锡城区及宜兴、武进、江阴等县的,所以寄宿的学生不少。我家距胶南十多里,也只得寄宿。我们的宿舍在楼上,楼下便是教室。

胶南的师资力量比较强。校长孙荆楚先生治校严,威望高,他从各地聘请优秀教师来校执教。其中如范学农先生,他原是常州中学教师,受到孙校长的邀请,放弃名中学的教职,建校的第一学期就来到这所乡村中学讲课。陈龙海曾就读于无锡国学专修学校(沪校),有很好的文史根底,家又在上海,但他不留恋大城市生活,回到故土,报效桑梓,为农村子弟默默奉献。国学家、著名红学专家冯其庸经地下党同志的安排,于解放前夕来到胶南,更受到孙校长的欢迎。还有陈渊成、孟问性、胡锋、毛君白、臧祖耕、胡琛、解杏芬等老师,都有丰富的教学经验。他们教学认真,乐育英才。

我们寄宿的同学每天晚上要夜自修,当时学校没有电灯,用汽油灯照明。每到晚上,我们寄宿生集中在一个教室里自习。此时农民忙碌一天后早早地睡了,四野一片寂静,只有我们的教室还亮着灯,同学们自觉地做习题或预习新课。考试前,我们还喜欢躲到田野僻静处复习功课,墓茔地、芦苇滩,是我们经常出没的地方。同学们没辜负学校的培养和老师的教育,我们这一届毕业生共四十六人,大多考入高中深造。其中有二十七人考取江苏省立南菁中学。

胶南中学地处农村,"乡村四月闲人少,采了蚕桑又插田"。在农忙季节,我们常常帮农民采桑叶,拔秧,治螟。农村的孩子,对这些农活都不陌生,都能干。我印象最深的一次劳动是铺路。当时,我们中学和小学合用一个伙房和饭厅,在小学部思贻堂。操场也在小学部。从中学到小学要经过一条百多米长的泥路,每天吃饭、上体育课都是必经之地。路西是一条河,路东是一大片一人深的低洼田,每逢雨雪天气,不仅路滑难行,而且十分危险。师生们决心依靠自己的双手铺一条石子路。自己的事自己办,群策群力,大家先筹足了石子,然后划定各班责任区,利用课余时间铺路。大家争先恐后,你追我赶,几天奋战,就到了合龙的一天,这天一直干到天黑,点起火把继续。到全程接通,个个振臂高呼,庆祝竣工,情景十分热烈。

我要特别说一说胶南的图书室,这里藏书丰富,名著荟萃,是一个知识的宝库。这个图书室是孙荆初先生于1947年创办的,藏有近万册书刊。其中最初一大批图书是由上海广慈医院尤圣仲赠送的,以后由孙校长选定书目,陆续购藏进步期刊和新文学书籍。近代著名作家,以及外国名著这里都有收藏。

记得在我借阅的很多书中,都盖有"毛德馨先生捐赠"的藏书章,当时也不知这位毛先生是谁,心里一直很敬重他(她)。后来才知道,她就是孙校长的夫人,是小学部的音乐老师,胶南校歌就是她作的曲。她1948年逝世,学校师生为缅怀她而购藏了一批图书作纪念。可惜全校万余册图书都在"文化大革命"中焚烧殆尽。

学校图书室是学校教育的一种延伸和补充,它对学生的兴趣爱好影响很大。进胶南后,我的阅读兴趣发生极大变化,开始迷上了新文学作品,如饥似渴阅读"五四"以来的优秀文学著作,其中有巴金的《家》《春》《秋》,老舍的《老张的哲学》《赵子曰》《四世同堂》《骆驼祥子》,茅盾的《子夜》,叶圣陶的《倪焕之》,洪深的《五奎桥》《稻香村》,夏衍的《上海屋檐下》《法西斯细菌》,郭沫若的《屈原》《南冠草》,赵树理的《李有才板话》《小二黑结婚》,叶圣陶、夏丏尊的《文心》等等。阅读使我对文学产生无限向往,这些文学大师如满天繁星,让我迷恋,令我仰望。

可以说,胶南中学影响了我的职业走向和一生的爱好和追求。

刊 1994 年 8 月胶南中学建校五十周年纪念册

难忘友情

当副刊编辑,最离不开作者的支持。

"笔会"就拥有这样一支关心、支持它的作者队伍。

翻开创刊以来的笔会,全国文学艺术界的著名作家、艺术家,几乎都在上面发表过文章,可以看出笔会与文学艺术家的关系源远流长;而与广大文学艺术家广交朋友,相互亲密交往则成了笔会编辑的传统。尽管笔会编辑换了一茬又一茬,但这一传统始终没有丢,这传统就像接力棒一棒一棒地传下来。

特别是全国各家报纸副刊增版扩容后,大家都要争取作者,一些文坛名家里手更成了争取的热点人物,在这种情况下,更需要编者和作者平时建立的友情。

1991年初,台湾三毛突然自杀。三毛是受青年喜爱的作家,她的死,引起广泛关注。贾平凹与三毛是知音。他得悉三毛死讯,十分悲痛,立即写了一篇悼念文章《哭三毛》,"写好后停也没停就跑邮局,我把它寄给了上海的文汇报"。平凹自然也可以寄给就近的报纸,但他"害怕投递别的报纸因不认识编辑而误了见报时间,不能及时将我对您的痛惜、思念和一份深深的挚爱献给您"。这篇文章于1月22日在笔会登了出来。

就在平凹发出《哭三毛》一文的第六天,他又收到三毛的最后遗笔,痛惜之情不能自已,又写了《再哭三毛》一文。西安有家杂志准备把这一组文章出一个专辑,便把平凹从家中接走,把他"隔离"起来,不让别的报刊找他。但通过西安朋友的帮助,《再哭三毛》和三毛给平凹的信还是很快寄来笔会。三毛的信于2月5日刊出。《再哭三毛》因故未能刊出,外交部财务司有位姓曲的读者以为自己疏忽了没有读到,直至9月还来信问《再哭三毛》的刊期。

报纸副刊是报纸新闻版的延伸和扩展,与纯文学性纯艺术性的杂志不完全一样,为了形势需要,有时便要定好题目找作者。

1988年10月,中国青年报有条图片新闻,简要介绍浙江金华一对拾荒老夫妇张洪斌、楼小英收养弃婴的事迹。大家觉得这一题材可以写报告文学,让我落实。当时我与作家郑秉谦同志还不相识,但他接到我的电话,便欣然答应,第二天就赶赴金华采访。很快写出稿子寄我。这就是发表在1988年11月26日笔会上的《一个"特殊家庭"》。

这篇报告文学讴歌人间真情,文字朴实,感情真挚,事迹动人,在社会上引起很大反响。十年浩劫造成人情淡漠,这篇报告文学正是对人类美好心灵的呼唤。全国各地读者(包括每月只有几百元收入的退休工人以及工读学校的学生)读后纷纷慷慨解囊,寄钱寄粮票到报社来,要求转给五里亭的老人孩子。

郑秉谦同志的这篇作品获得1989年文汇优秀作品奖,最近又被收入《走过半个世纪——笔会文粹》一书中。

还有许多文学界艺术界的前辈长者长期来关爱着笔会,他们为笔会写了很多深受读者喜爱的文章。他们的一份份稿件,一封封来信,对我都是一份份友情,让我喜悦,让我感动。

  友情是难忘的,值此笔会创刊五十周年之际,我要对长期来支持我的师友,真诚地道一声"谢谢"。

刊 1996 年 7 月 12 日文汇报

乱世才女传奇生涯

张爱玲在她隐居的美国寓所悄然远去,在中国文坛引起不小震动。

那是9月8日,警方接到公寓管理员的报警,打开寓所居室大门,发现老人静静地躺在一块精致的地毯上,身上盖着棉被,面容安详。至于死亡的确切时间,已无从知道。

张爱玲的名字被冷落三十多年,连中国文学史上也不见其名。近十年来,随着她的作品被翻印、出版,她正受读者欢迎的时候,突然撒手归去。她的死牵动着许多人的心,传媒竞相介绍她的传奇生平,书店里她的著作被迅速抢购一空,过去不知张爱玲为何人的中青年朋友如今都热烈谈论她。一次,我们为找张爱玲在沪亲属,去到南京路一家派出所查询。为说服那个一丝不肯通融的女民警,我们向她介绍张爱玲。"张爱玲,不是刚刚在美国死掉的女作家吗?"原来她不是不知道。但我们在她那里仍然没有得到半点帮助。自然,我们还是设法找到了她的弟弟和她的姑丈。

张爱玲的弟弟张子静,比张爱玲小一岁。他是川沙黄楼中学英语教师,如今已退休,住在江苏路一个大院的单间里,安度他清贫的晚年。

张爱玲出身名门,到她父亲一代家道中落。她的外曾祖父李鸿章、祖父张佩纶,都是清代名臣。关于她的祖父,她在《对照记》里提到过。她说她一直不知道祖父的名字,是张子静告诉她的。"我弟弟永远比我消息灵通。我住读放月假回家,一见面他就报告一些亲戚的消息。有一次他仿佛抢到一则独家新闻似的,故作不经意地告诉我:'爷爷名字叫张佩纶。''是哪个佩?哪个纶?''佩服的佩,经纶的纶,绞丝边。'"

这个张佩纶非等闲之辈,他极受慈禧信任,他常常"参奏大员,参一个倒一个,一时满朝侧目"。据说连李鸿章也被他参过。这段故实《孽海花》中有所反映。也是张子静发现了让她看的。但李鸿章爱才,不计前嫌,在张佩纶马尾失守充军北疆时,还多次接济他,并设法把他弄回收在衙中作记室,还把自己的女儿菊耦嫁给他,成了他的第三任夫人,也就是张爱玲的祖母。

张爱玲名义上过继给她伯父,她便习惯称亲身父亲叔叔。1989年张爱玲在写给张子静的一封信中说,"我十分庆幸叔叔还有产业留下给你。"叔叔就是指她亲父张廷贵。她父亲虽然熟读书诗,但纨绔子弟的积习难改,吸毒、纳妾,脾气也很坏,她母亲黄逸梵是南京水师提督黄军门的女儿,是个新女性,她会画油画,与徐悲鸿、蒋碧薇、常书鸿友善。她无法忍受丈夫的作为,便出走英国读书,并最终离异。

她父母离婚时曾协议子女的赡养和教育问题。规定子女的生活费教育费全由父亲负担,但特别说明张爱玲进什么学校、受什么教育由母亲决定。

张爱玲在圣玛利亚女中毕业后,想去英国读书,这时她母亲也从英国回到上海,支持她出国读书深造,却遭到父亲竭力反对。有一天,她借口看望姑姑,参加了英国一所大学在沪的招生考试。此事被她父亲知道,把她关在一间屋子里,派人看守,不许她离家一步。她姑姑张茂渊为她求情,结果兄妹翻脸,不欢而散,她姑姑的眼镜也被打落在地。半年以后,张爱玲乘人不备,逃往姑姑处,旋入香港大学读书。

张爱玲留在其弟头脑中的印象,都是少年时代的往事,打从小学起,张爱玲就寄宿在学校,姊弟相处的机会就少了。即使寒暑假期间,张爱玲也喜欢干自己的事,画铅笔画,弹钢琴,看电影杂志,读小说,出门不是看电影就是到姑姑、舅舅家去。他说她这人兴致所至,随心所欲。他家有个小胖,平时她并不关心,一天不知怎么高兴起来,要教小胖唱《渔光曲》。小胖怎么也学不会,"云儿飘在天空,鱼儿藏在水中",老唱成"云儿藏在水中,鱼儿飘在天空"。那天她真好耐心,从早晨八点教到中午十一点,好不容易教会两句,结果把父亲吵醒,挨了一顿臭骂。

张爱玲穿着喜欢特别。太平洋战争爆发,张爱玲在香港的学习被迫中断,1942年回到上海。张子静去看她,见她穿一件矮领子的布旗袍,大红颜色的底子,上印蓝白相间的花。旗袍两边都没有纽扣,要像汗衫一样从头上套下去,领子和袖管几乎没有,长只及膝盖。在上海从没见过这样的怪式样。有时她会走向另一极端,穿着清代宽大的大襟女袄参加朋友的婚宴或聚会,惊世骇俗,引人注目。

在《对照记》中有两张照片就是这样的打扮,"1944年业余摄影家童世璋与他有同好的友人张君……托人介绍来给我拍照,我就穿那件清装行头,大袄下穿着薄呢旗袍。拍了几张,要换个样子。单色呢旗袍不上照,就在旗袍外面加件浴衣,看得出颈项上有一圈旗袍领的阴影。(为求线条简洁,我把低矮的旗袍领改为连续的圈领。)"张爱玲对生活中细微末节十分在意,刻意追求,那么她小说的细腻笔法,极富魅力的语言艺术,就不是没来由的了。

张爱玲成名得很早,二十多岁时就文名显赫,红遍上海,但她真正创作的峰巅期只有两年(1943—1945),这是一种十分特殊的文学现象,对此,柯灵先生有过精辟的论述,他在《遥寄张爱玲》一文中说:"我扳着指头算来算去,偌大的文坛,哪个阶段都安放不下一个张爱玲;上海沦陷,才给了她机会。"过不多时,张爱玲的创作走向静寂。她的处境极为不妙,日本投降,因与胡兰成的一段婚恋,她遭受责难在所难免。张爱玲几乎从上海文坛消失了。孤岛时就留居上海的郑振铎一直关注张爱玲,在她红极一时时曾要柯灵劝说张惜羽自珍,这时他又让刚从大后方回沪的赵清阁撰文客观评析张爱玲的作品。所以找赵,考虑到她是女作家,从大后方来,又是非党人士。

赵清阁的文章写成后送给洪深,发表在他主编的大公报"戏剧与电影"版上,时间约在1946年。

此后的张爱玲处境才渐有好转,并有作品在新民报连载。为此张爱玲还曾请赵清阁喝过茶,并赠给她一本《传奇》,作为她对赵的谢意。

1950年夏天,上海召开第一次文代会,张爱玲应邀出席。对张爱玲来说,能参加这次盛会,应该是个好的信号。但张爱玲是个绝顶聪明的女子,她也许从这个会的总的调子中预感到,当今文坛已没有她的立足之地;加之原要聘她进电影剧本创作所当编剧的事迟迟没有下文,去意遂决,于次年她就去了香港。事前她曾去信询问香港大学,她未完的学业,时隔数年,能否继续修完,得到肯定的答复,她就悄没声息地走了。从此再也没有回来过。

"一代才女,从此永诀。广陵散虽成绝响,余音常留天地。"(柯灵语)现在张爱玲永远地去了,她留下的作品值得我们好好研读。

刊 1995 年第六期《东方经济》

陈逸飞其人其画

上海、纽约、香港、台湾……陈逸飞总是那么行踪不定,忙忙碌碌,要找到他很不容易。

那天上午接通了电话,我赶到波特曼他的住处时,离他去机场只有一个多小时了。他要去美国,正打点行装。没寒暄的时间,好在一见如故,我单刀直入,约他给我写稿。他答应了。于是,我留下了"笔会·艺谭"一期试刊,他赠给我一本精美的油画月历。

逸飞并没有使我失望,一份从纽约来的电传稿如期来到我手里。与他的华美的油画不同,他的文章似一幅素描,清新淡雅,但情意是浓浓的,他写的是他在美专时的校长颜文樑。在他的笔下,中国一代油画大家是个最平凡不过的老人。他回忆起他去访问时颜老捧着访客登记簿,像看门人般让他写下日期、单位、名字时的模样;记得他听颜老讲色彩学的情景,直至今天还没忘"黑人的面孔上勿可以涂白粉,不然吓煞人"那句地道的苏州话。

近年来,陈逸飞以他的油画"风雅颂"系列在香港市场引起旋风式的震撼。前年,他的"风雅颂"系列之一《浔阳遗韵》在佳士得秋季拍卖会上以137.5万港元拍出,创中国当代油画在国际艺术市场拍卖价的最高纪录,而系列之三"夜宴",又在去年春季拍卖会上再度夺魁,以198万港元拍出,破了他刚创造的最高纪录。

谈到中国油画创作时,陈逸飞表示很乐观,说,中国油画经过几代人的拼搏,已经形成颇有实力的写实主义创作队伍,开始受到世界艺术市场的重视。现在一些美国油画收藏家的目光开始注意起中国油画,一些人还特地跑到中国了解油画创作情况。

逸飞还告诉我,他有四百多幅画为世界各地的收藏家收藏,其中有一二幅是旅美中国人收藏。他说,过去中国人只热心于收藏珠宝玉器、瓷器、中国画,对油画并不注意,如今中国人与外国人争购中国油画,这是国人对中国油画的一种支持。陈逸飞认为当前是发展和繁荣艺术的好时机,作为艺术家,要珍惜这个时机,努力创作出优秀作品,丰富人类文化宝库。

刊1993年4月2日江南晚报

相见有缘——初访王朝闻先生

这次访问有点突然。那天,我去红庙北里文化部宿舍拜访一位同志,听说王朝闻先生也住在这幢楼里。"王老著述十分繁忙,访他最好先与他相约。"那同志又赶紧补充说。我心里也犹豫,贸然撞上门去,万一挡驾,岂不自讨没趣,这种事过去我也的确碰到过。但我因第二天就要离京返沪,便也管不了这许多了。

王朝闻先生和他夫人简平正在家。简平同志把我引进客厅坐定后,王老也从书房中走了出来。

虽是冬季,天却并不冷,室内更是温暖如春。王老穿一件蓝白条睡袍,虽年逾古稀,但气清身健,精神矍铄。

王朝闻先生是著名美学家,他的《一以当十》是六十年代受大学生欢迎的一本书。与别的美学家不同,王朝闻早年从事的是雕塑艺术,《毛泽东选集》的封面浮雕像就是他在1950年创作的。解放初,他为天津进步日报李桦主编的"进步美术"副刊写文章,受到毛泽东的注意和赞扬,毛泽东说:他的文章有点马列主义哩!从此,王朝闻在美学理论园地笔耕不辍,成果丰硕。

王老研究的领域广泛，美术、戏剧、音乐、舞蹈、雕塑，各种艺术门类无所不涉，对民族民间艺术更有特殊的感情。那天，他兴致极高，谈话涉及的范围甚广，早过了午饭时间还谈兴不减。

　　他的热情感染了我，便说了自己事前的犹豫。这话引出了他的一点感慨，他说，有个同志来访，请他为正要出版的一本摄影集作序。在序中，王老肯定了他的摄影作品，最后也提了一点希望。过几天，那同志把排出的小样送王老过目。王老一看，别的地方都没有改，独独那一点"希望"不见了。据说是编辑要求删去的。王老便告诉那同志："如果因为篇幅过长需要删，删别的地方都可以，这一句话不能删。"

　　"现在的年轻人听不得一点意见，做什么都要按他们的意思办。"为了减少不必要的麻烦，王老便写了一张字条，贴在门上："敬告来访者，不经联系，恕不接待。"

　　我说我没见到什么字条啊。

　　"有的有的。"王老边说边把我送出门。我们都下意识地往门上瞧了一眼，门上什么也没有。简平同志说："奇怪，真的没了。"我说，"今天是相见有缘哩！"

　　"有缘，有缘！"在一片笑声中我们握手相别。

刊 1993 年 1 月 18 日江南晚报

又跃新高度——马兰剪影

最早知道马兰,是于1984年的春节联欢会。那次,她一曲黄梅戏《女驸马》状元府选段,给亿万电视观众留下深刻印象,喜得主持人马季炫耀什么似的大嚷:"咱马家出人才啊!"

马兰这个人,生活中并不惹人注目。她不爱显山露水,你看她的名片,只印了一个名字,一行地址,简明得可以。她是中国戏剧家协会理事、省黄梅戏剧院副院长,可她一概不写。她为人一如她的名片,不张扬,不矫饰。可她一上舞台,就光彩夺目,容光照人。她是属表现力在台上的那种演员。

虽然马兰出生在一个黄梅戏演员的家庭,父母倒并不希望女儿再走自己的路。但耳濡目染,艺术的胚芽早就在马兰幼小的心灵中发育生长,她钟情于富有泥土气田园味的黄梅戏。初中未毕业,她独自一人跑到安庆报了名,省艺校黄梅戏班正在那里招生。

她父母是接到艺校寄来的复试通知才知道这事的。

"学唱戏,要吃很多苦,你真愿意?"她妈问她。

"我愿意。"

"遇到困难,不许吃后悔药。"

别看马兰文静内秀,想好要干的事,就不吃后悔药。她入校不久,就遇上变嗓,声音突然喑哑,有一年多时间发不出声。妈又劝她改行,马兰却始终不改初衷。

幸运的是,她的主课老师丁俊美是位有经验的黄梅戏演员,她感到马兰是个角儿的料,着力培养她,使马兰顺利度过了变嗓期,练出了一副好嗓音。至今,马兰还深情地说,在艺校,我没让丁老师少操心。

此后,幸运之神便一直伴随着她。1981年,她一分到省黄梅戏剧院,正是演员青黄不接时,又遇到要赴港演出,于是,一批刚从艺校毕业的年轻人作为主要演员被推上了舞台。她们的演出一炮打响,在香港大获好评。马兰在《女驸马》一戏中饰冯素珍一角,她的表演受到当地观众交口称赞,香港传媒称她"扮相俊美,表演细腻,唱做俱佳"。

从此,通向艺术殿堂的道路便在这个姑娘面前展开。

黄梅戏是在民间山歌、小调基础上逐步形成的一个年轻剧种,它贴近民间,非常生活,传统剧目既不多,表演形式也自由,这为有志在这一艺苑耕耘的人提供了广阔的发展天地。十多年来,马兰每两年就为黄梅戏舞台树起一个新的艺术形象:有天真无邪的村姑,有一生坎坷、从弱女子到有成就的艺术家,有任性好胜的妙龄少男少女。她创造的形象个个不雷同,性格鲜明,感情复杂多变,充分展示了她良好的艺术素质、扎实的艺术功力和多方面的艺术才能。

马兰不是个追逐名利的人,桂冠却一个个落到她头上,别的不说,她演出十五集连续剧《严凤英》后,就全国性双奖集于一身,既是金鹰奖(第八届)最佳女主角,又是飞天奖(第六届)最佳女主角,还被评为全国十佳电视剧演员之一,她却总是不满意自己。她不是奢望更多的奖,而是对艺术有无止境的追求,每次演出结束,她都感到有一种遗憾在心头——没有发挥到最佳点。

1987年演出电视连续剧《严凤英》,给予她艺术创作一个全面学习和锻炼的机会,是她艺术生涯中非常重要的一步,要是说"严凤英"的演出是标志马兰走向成熟之举,那么贾宝玉形象的创造则使她进入了一个更高的艺术境界。马兰因演出《红楼梦》而得到文化部颁发的文华奖表演奖。

情动于中而形于外,在《红楼梦》中,马兰以心灵体验角色,用真情表现人物,才能把宝玉对黛玉情深意笃、死生不渝这一至情男子演得如此淋漓尽致,乃至"人们连大气都不敢出,更不敢鼓掌,生怕搅扰了台上的宝玉,但是啜泣之声清晰可闻"。

这剧场气氛我也是亲身感受了的。——"妹妹此行,孤身一人;黑夜沉沉,一路小心。"见宝玉边泣边诉,肝肠寸断捶棺恸哭,那情状,让人无法不一洒同情之泪。

黄梅戏贾宝玉形象创造的成功,标志马兰在艺术的道路上又跃上一个新高度,使她当然地成为黄梅戏当之无愧的继严凤英之后的代表性人物。

刊1992年9月3日文汇报

他想画的还很多
——悼俞云阶先生

我告辞时,他又睁开眼,由他大儿媳帮助着,抬起手向我表示再会。我退出病房,意识到这一别就很难再相见了——俞云阶先生的整个肺已被癌细胞啮蚀得无法工作,体内全是二氧化碳。医生说,二氧化碳要是侵害到大脑,俞先生……

这是5月3日的事,5月8日,便传来俞先生逝世的消息。

俞云阶先生是应该有更大成就的,不光是徐悲鸿、颜文樑、傅抱石这些艺术大师曾是他的业师,更重要的,是他对艺术的热爱,他的九死无悔的执着追求。

他说他考美专是多亏了颜文樑师长的。1935年,那年他还是个中学生,便从常州赶到苏州报考苏州美专高中科。因为过了报名时间,门房不让他进校,他站在校门口执意不肯离去。这时颜文樑正从里面走出来,听了年轻人的恳求,觉得情况特殊,给予通融,让报了名。经过考试,他才终于被录取。

在中央大学艺术系,他受业于徐悲鸿先生,并受到赞赏,徐悲鸿写了"勇猛精进"四个大字鼓励他。在学习期间,他就显示自己的艺术才能,刚毕业就在重庆举办了个人画展。中美烟草公司经理看了画展,写信要求送一些画到他住处。俞云阶按着地址送去六幅作品。那经理见了问他:"你是俞教授的学生?"他不知站在他面前的这个年轻人便是俞云阶。这六幅作品全被留了下来。可见他当时的画就已达到了相当的水平。他的油画《日日夜夜》曾被推选入法国巴黎春季沙龙,是新中国进入这一艺术沙龙的第一件作品。

可惜的是,1957年后,在他最能发挥艺术才能的长达二十二年的时间里,却得不到充分施展的机会。但俞云阶太爱他的艺术了,即使在那受到不公正对待的日子里,他仍提笔作画。他要完成他的师长徐悲鸿未完成的一幅画,继续创作《瞿秋白与鲁迅》(徐曾以此为题材画过一幅素描),这是幅巨幅油画。画面上瞿秋白侧身向着鲁迅,微微弯腰坐着,鲁迅手执烟卷靠在躺椅上,两人作倾心交谈状。审查时,这画未能通过,以致无法与公众见面。

直到1979年,俞先生错划右派的问题得到彻底改正,他身上才又重新焕发出青春活力。他这时心情愉快,对前途充满了信心。他说为巴老画第三幅肖像,是要画出一个焕发青春的老作家来的。其实,他也成功地画出了自己的精神状态。

于是,一幅一幅作品从他笔下流淌出来:《瞿秋白在家乡》《此时无声》《惠安女》《老画家朱屺瞻》……他有很多打算,他要画很多画,他去湖北十堰、闽北将乐、山东青岛等地厂矿企业写生、办展览,给工人美术训练班讲课。1979年以后,他先后到过全国十多个省市的一些地区。他做这些事完全自觉自愿,不取分文报酬。他担任上海交大美术顾问,交大召开中国画研讨会,他也抱病参加;他还去南浦大桥,看看上海新的建设。他几乎忘了他自己曾中风过,行动已多有不便,有很多事,他实在已力不从心,但他总是认认真真去做。一些地方的文化馆、纪念馆请他作画,他都有求必应。湖北黄麻革命纪念馆请他画的画,因事没完成,他一直很不安,常常念叨着。我请他写文章,画刊头,他也从不推辞。1991年是羊年,我请他为春节版面画一幅有节日气氛的画。他画了两幅,一幅画上有羊的图案,表示迎接羊年,他不满意,又画了一幅《飞燕迎春》,供我挑选。我选了《飞燕迎春》,拍照后,发觉用色太淡,估计效果不会理想。俞先生知道了,执意要再重画一张。俞云阶先生就是这样一位老人,生活中宽和待人,对艺术却一丝不苟,有时甚至近乎执拗。

俞云阶先生走了,但他的作品是一笔珍贵的财富,是会永远留存下去的!

刊1992年5月21日文汇报

她不忘自己的责任——访作家农妇

知道农妇这个名字,是读了湖南文艺出版社出版的《农妇随笔选》之后。

> 钱可以买到"纸笔",
> 但买不到文思;
> 钱可以买到权势,
> 但买不到智慧;
> 钱可以买到服从,
> 但买不到"忠诚";
> 钱可以买到"小人的心",
> 但买不到君子的志;
> ……

《农妇随笔选》第157页《钱和苦恼》

农妇的文章,博识、隽永、富有哲理,在娓娓而谈中蕴含着强烈的感情——爱,或憎。由文及人,便想到请她撰稿。真是十分的巧,这时她正要回国来。

那天,我去看丰一吟。丰一吟与农妇常有书信往还。询及农妇,丰说:"刚接到她从香港打来的长途电话,今日到北京,在北京办完事就来上海。"农妇姓孙,名淡宁,想来是取淡泊明志,宁静致远之意吧!她父亲与丰子恺是好友,因之农妇与丰陈宝、丰一吟姐妹有世交之谊。

农妇1942年从复旦大学新闻系毕业,满怀报国热情投身烽火连天的抗日前线,曾负过伤。在香港新闻界服务近三十年,1981年移居美国。这次回国,就是为联系出版其描写抗战时期经历的小说的。

在农妇下榻的静安希尔顿饭店,我们拜访了她。

农妇谈锋极健,话题也广,从国外时尚到人生价值的探求,以及现代物质文明与美、与道德观念之关系,都有涉及。她在西德看到清道工人在公园里用长把扫帚清扫落叶,便感受到与用扫地车扫落叶的不同情趣,也为宇航员登月破坏人们对月宫的美妙想象而连连叹息。

谈到人生价值,农妇说:"人生价值是什么?是权势!是财富!是名利!不,都不是。"那么,人生的价值是什么?"不知道,我只否定那些应该否定的,答案没有。每个人都有权自己去寻找答案。"

说没有答案,其实是有的。她赞赏的是,尽自己所能,为一个单位,一个团体,大而广之,为社会,为国家、民族做一点实事的人。她也常这样启发诱导她周围的年轻人,即她文中常提及的"傻小子""愣小子"。他们都是二三十岁、四十来岁的莘莘学子,在香港、台湾,乃至欧美各地,都有。其中一群愿意尽自己所能为祖国做事。现在他们正在筹集资金,组织子女们回国旅游,并以"儿童笔下的中国"为题,让孩子们画画,使他们认识中国,不忘故土。这次回国后,她又想到如何把国外的科技、学术引进国内。她设想组织国外学人回国讲学。她把自己的这一设想电告在美国的"愣小子",得到他们的赞同,说:"农妈,你这个主意很好,如需要我们,我们会尽力的。"

谈起她的小说，她说小说定名《狂涛》，共三十五万字，分别在香港、台湾、北京出版；北京由人民文学出版社出版。

农妇出版过很多散文集，《水车集》《犁耙集》《草鞋集》《扁担集》《西风寄语》，一本又一本，在欧美各地，有中文书的地方，就有农妇的书；她的《锄头集》竟出到十七版之多。写小说这还是第一次。不过，她的这一想法早在二十多年前就有了，真正动笔却是在退休之后。她是把写作看作是自己的一种责任的，这本书不写出来，她就常有一种对历史，对下一代的负疚感。于是在香港海边购下一幢房，准备安下心来写书。但应酬太多，无法执笔，才决定退休移居美国马里兰州。这部小说从抗战开始写起，直到抗战胜利为止，真实地反映了她那一代人的经历和成长。

她说，"我写时是很痛苦的，经历了那个苦难岁月，重新回忆它，感情上十分难受，就像已经结了痂的创伤，现在又把它撕开。""但是，"她说，"作为经历过抗战苦难的一代，把它写出来，是我们对下一代的交代。"

当问及她的下一步写作计划，她说第二部小说已在酝酿中，书名《流砂》，主要是写解放后，她这一代流居海外的情形。

她从报界退休的时候，有朋友很为此惋惜，她在《换一条跑道》一文中解释说，"我是永不退休的，只是换一条跑道而已。"她确实没有退休，而是在另一条跑道上朝前迈进。

刊 1988 年 8 月 20 日文汇报

阅读篇

寻觅《干校六记》

记得还是徐开垒同志的介绍,我曾读过杨绛先生的《干校六记》。那已是十年前的事了,一次同徐开垒同志在一起排队买饭,不知怎么谈起杨绛先生的散文,他告诉我,最近又出了本好书,《干校六记》。我即到图书室去借来看。因为自己经历过干校生活,读起来就特别亲切。杨绛先生在《干校六记》中,以自己的亲身经历,叙述那特定历史时期知识分子噤若寒蝉的生活,以及对亲人,对友人,包括对"小趋"(干校菜园班养的小狗)的思念和关心、焦虑和不安。那些日子是多么难熬,杨绛先生却娓娓道来,诙谐说痛楚,愤懑寓言外。惟其如此,那字里行间充溢着的亲情和友情就更加感人。可惜当时没有买到。多少年来,我去各种书展留意寻找,可书海茫茫,你到哪里去找。

也许真有所谓的鬼使神差吧,今年3月23日,我因身体稍有不适,早早的回家。我由北京路向南京路20路车站走去。奇怪,我每天坐车经过这里,从没发现这里有爿新华书店,便身不由己走了进去,逛过底层,又上了二楼。在偏里的一个书柜前,几本装帧素雅的书吸引了我,便要来巴金先生和金克木先生的《雪泥集》和《天竺旧事》,突然在封三的书目中看到《干校六记》。我指着书名问营业员,"此书有吗?"说实话,我其实不抱希望。

"有。"他的回答大出我意外。他转身从书架上抽出一本递给我。

"啊,真有!"我禁不住叫出了声,"我找了十年,真太好了!"

我细细翻看着,书的蚂蟥钉已经生锈,锈迹透过纸质,在封底晕出四个小小的黄色的斑。丁聪设计的封面:萧萧西风扫尽绿叶,索索枝桠耸向蓝色的天际,雪盖的白白的地平线上座落着一排排简陋的房舍,那窗洞中亮着的橘黄色灯光,使人想起那渐趋淡忘的逝去的岁月……

我心满意足地带着新买的书回家,心上却总感到疑惑,这事到底是不是真的。

《干校六记》是1981年出的第一版,共印两万册,以后没再版过,书出这么多年,怎么会在今天重又出现在书柜上?

朋友听说了,要我帮他买一本。于是我再次来到那片书店,不巧书已在前一天售罄。与营业员一聊,才知道,这是生活·读书·新知三联书店设的专柜,专售三联出的书,其中有新版书,也有库存已久的。"前两天,有位香港读者也来买了这本书,据说,此书在香港要卖到26港元。"营业员说。

真该谢谢三联书店的同志们,十年前的书,还保存得好好的,并千方百计书尽其用,使尘封在书栈里的书能再次与读者见面。要是只以盈利为目的,这样薄薄的、只卖2角4分的书,是大可不必从北京运来上海重新上架的,君不见琳琅满目的贺卡、生日卡柜上,售价哪一张不比它高二倍三倍的。

由此想起,要是哪家书刊报有兴趣,办一张库存书目附张,书目由各出版社提供,定期或不定期随报发行,应该也会受读者和出版社欢迎的吧!

刊 1991 年 5 月 18 日新民晚报

读一本关于贾平凹的书

收到西安寄来一邮件,打开一看,是一本书——《贾平凹之谜》。原本没打算立即读它,不想随意翻翻,竟被吸引了。

就我所知,研究贾平凹的专著,目前出版的有两本,一是费秉勋的《贾平凹论》,那是对贾平凹作品的评论集,另一本便是孙见喜的《贾平凹之谜》。

《贾平凹之谜》着眼于写平凹的人生经历和创作生涯,以及他的美学理想和追求。突出写了平凹从1973年发表处女作到1988年末十五年间的几次创作高潮,兼及平凹这个人的个性、爱好、气质、婚恋生活及创作习惯等诸多方面。

孙见喜与贾平凹既是同乡,又是挚友,两人在同一生态环境中长大,对商洛地区的山川地貌、人文历史都极熟悉。他现今服务的陕西人民出版社又正是平凹大学毕业后第一个工作单位。所有这一切,客观上给见喜写平凹造成了极为有利的条件。加上他数年来对平凹的跟踪采访,积累了大量第一手材料,书中写的许多都是作者亲见亲闻。

见喜是位散文写家,他或素描闲静、平远的西北村落,或浓笔泼写黄土高原火辣辣风情民俗,轻笔重彩,各尽其妙。于是,《之谜》一书便常有令人惊叹的传神之笔。读完全书，掩卷闭目，脑中便有了个活脱脱的贾平凹，他在商州这块生活的沃壤中，如鸡刨食般寻寻觅觅，孜孜矻矻，几多执着，几多急迫。

平凹不是天生的神童，更不是文曲星转世，也不像郭璞能梦得五彩神笔，他走上文学这条路，虽有其内质因素，但也不是势所必然，恰恰相反，他能走上这条路，看似出于一种偶然。"文革"开始后，他不得不弃学回家务农，际遇是队上派他去水库工地送信，而水库工地这天开会正需要人写大标语，他斗胆揽下了这活儿，由此被留下专司刷标语，喊广播，编工地战报。由于在水库工地的表现，他被送到省城高等学府西北大学中文系深造。

际遇是成功之路的起跳板，但际遇并不就是成功，只有际遇降临到确有才干而又能紧紧攫住不放的人才起作用。对平凹来说，凡一个作家需具备的，对生活的感受能力，写作时巧妙的构思，以及驾驭语言的才能，他都不缺乏。

自然他的奋斗也是艰苦的，他的文学创作道路也不平坦，他第一次投出的诗稿，有人打趣说："早被编辑老爷擦了屁股了！"他初当编辑时寄往四面八方的小说稿被一件件退回，数一数竟有一百二十七件。

但是，他终于成功了。十五年来，平凹已在海内外出版了四十部著作，获得包括国际飞马奖在内的各类文学奖三十余次。这一现象殊属罕见，于是便有了传言，说什么贾平凹有四个大学生做材料员，专门收集材料云云。《贾平凹之谜》向我们展示的事实说明，既没有作家不经过努力就能获取成功的秘诀，也绝没有传说那样有大学生当他的材料员这档子事。他的创作素材和创作冲动全来自他自己对生活的汲取和感受。他偶然路过一座土庵子，可以同守菜园的老汉抵足长谈，留宿通宵；到周至县同楼观台道长坐而论道,对道巾的种类、戴法——恭录无误;游华山时无意中遇见个"捞尸人",竟忘了此行目的,两人一起卧倒在山窝子神聊到太阳西沉。他下乡和粮农谈起粮价、粮种,连卖粮人也眨巴着眼,断定他不是粮贩子就是粮店经理……

台湾女作家林海音在报纸上辟专栏,写了上百位活跃在港台文坛上的朋友。此前,她曾征求台静农先生的意见,台先生很高兴,称"这也是一种文献",并为她题写了"剪影话文坛"专栏名。是的,《贾平凹之谜》也是一种文献,它的出版,为贾平凹研究者提供了翔实而生动的资料。作为纪实文学作品,《贾平凹之谜》本身也有较高的文学欣赏价值。

现在见到的是第一部,自然还得有第二部。人们期待着。

刊 1991 年 6 月 28 日文汇报

诗意在画外
——读徐君陶的人物画

钟灵毓秀,受富春江绿水青山的滋养,徐君陶自小就爱捉笔涂鸦。经过浙江美院五年严格训练,画艺大进。于是徐君陶这一名字,随《团代会上》一画出现在全国画展上,开始受到画坛注目。

君陶主攻人物画,工、意兼长。他的写意人物于洒脱中见法度,线条简洁明快。他的人物画,人物的姿态、神情、眼神,以及服饰、随意设置的摆件,引起人们无限的联想:从有形的场景的氛围延展到无形的空间的热烈或寂静,由留驻的印记感受流逝岁月的坎坷或恬适,从而鼓荡起读者胸中感情的奔涌或沉思。我想这该就是画家追求的"画尽意在"吧!

《江雪诗意》更见画家的艺术功力和美学追求。画面上,孤舟一叶,渔者披蓑,戴笠,安坐舟头悠然垂钓。整幅宣纸上下留出大片空白,萧疏、苍茫,造成"万径人踪灭""独钓寒江雪"强烈的艺术效果。在此画中,君陶巧妙运用肌理原理,以洒金宣原有的闪闪银片,使人感到似纷飞的雪片卷着肃杀的寒气向人袭来。此画在纪念柳宗元书画印全国征稿评比中获一等奖。

君陶的工笔人物画如《临岩画的姑娘》等,用笔严谨精到，具有浓郁的装饰风味。

在主攻人物画的同时，君陶也酷爱山水花鸟画创作。他的花卉，用墨之浓淡、色块之疏密，于不经意处见精神。我很欣赏他画的一幅《葫芦》。在这一幅画中，他用书法中"屋漏痕"笔法勾藤蔓，凝滞顿挫、徐捷通达兼而有之，与浓淡疏密的叶、看似不经意抹出的葫芦相杂陈，显得自然、和谐，极富韵致。我看到的是一张彩照，一问始知，此画在一次送展途中被遗失了。他曾试图重画一幅，但无法达到原来的效果。艺术作品无法再造，一幅成功的创作，对画家来说，只有一次机会。

不管是人物画还是花鸟山水作品，都显示了君陶的艺术功力，以及孜孜矻矻追求自己的美学理想的顽强精神。君陶正当艺术生涯的黄金时期，我们满怀信心期待他不断有新的佳作问世。

刊 1991 年 11 月 12 日文汇报

我读罗步臻

东西方文化的频繁交流,艺术创作的宽松环境,使绘画进入了一个多元并存的时代。一些画家不满足旧日面貌,尝试变革图新,以冀超越自我。罗步臻先生便是这众多变革者中的一位。

罗步臻最早师从海上山水画名家应野平先生,继而浸染于元明清诸大家的笔墨间,特别对古代黄公望、王蒙、石涛和近代黄宾虹心印尤深,遂画艺日进。二十世纪八十年代,罗东渡扶桑数载,眼界为之一开,遂引西方绘画构成之法为己所用,辟一条出传统而源自传统的艰难之路给自己走,积十数年之功,成今日之面目。其作品与我们二十多年前初识时见到的真实面目大变。

综观罗的山水画,其文人写意风格十分明显,与古典绘画对客观对象的"图真"相对,典型文人画家主要是"以画为寄""以画为乐",作画时自由挥写以达到陶醉于心的满足,其画面要求恬淡、闲适、平易、柔美。而这也就是罗所追求的。罗说:"近年来,我在通解笔墨中悟出狂草式的山水大写意画法",是不拘泥于景物的表面现象,而是要表现它在你心中引起的对应情感反映。一句话,其作品要求"更重抒情,重心象,重意趣"。

可见,步臻的画,不是复写自然界的山、水、树、石,不在其与对象的须眉毕肖,而是要写他心中的山水。当然,只要细细读解罗的画,我们仍然不难发现其中闪现着原先的那种笔情墨意,这是画家深印于心的无意间流露的与"祖宗"的一种血脉渊源。

假如把传统山水画比作游记类散文,那么,罗的画犹如一首首抒情山水诗。刘熙载尝言:"文所不能言之意,诗或能言之。大抵文善醒,诗善醉,醉中诗亦有醒时道不到者。盖其天机之发,不可思议也。"(《艺概·诗概》)罗的画,或亦蕴此天机耶。

当然,要尽表心中的想头(意象、心象),便要"不择手段或择一切手段"(吴冠中语),这里手段便成为关键。传统山水画的表现手段历经多少代画人的探寻揣摩日积月累而汗牛充栋、蔚为大观,那么开创现代意义上的山水画除向传统笔法借鉴外,寻求更多新的表现手法以为随心所欲为己服务之必须,当是任重而道远。

步臻说过:"大写意也好,狂草也罢,最重要的须随意,看似漫不经心,粗头乱服,但又整体严谨,处处有节律,处处有呼应,通体势道贯通,进入有我与无我之间,有物与无物之间,有法与无法之间的化境。要谨防刻意大写,刻意狂草。要达到这种境界,对我来说,还非得下苦功不可。"步臻对绘画化境有此认知和追求,是令人十分高兴的,其画事的前景便也可以预期。

刊 2001 年 4 月 12 日文汇报

为《菁园漫笔》序

自书院时期迄今,南菁中学已跨越三个世纪。今年十月,正值她建校一百二十周年,《菁园漫笔》如期付梓刊行,正是献给母校校庆盛典的一份礼物。

大江之滨,忠义古城,有清一代,江阴即为江苏省教育行政长官学政驻节之地。其势所必然成为全省教育中心。光绪八年(1882),江苏学政黄漱兰(体芳)承暨阳书院教泽之余绪,倡议创办南菁书院。尝言:"上海亦一邑耳,而龙门书院①独放②浙江诂经精舍制,士得在院肄业,经史、古学、天文、算法惟所习。"(张文虎撰《南菁书院记》)遂筹资,并着人经理其事。

书院于翌年(1883)秋建成,遂礼聘"训诂、词章兼通之儒"为师,如南汇张文虎、定海黄以周、江阴缪荃孙等,皆名师宿儒,"与浙江诂经精舍之俞曲园③,四川尊经书院之王湘绮④同时济美。"(张一麐:《古红梅阁笔记》)南菁书院一时声誉鹊起,苏南各地学子纷纷负笈来归,真乃"江南人才渊薮以南菁为最"。

风云百年,物换星移。书院改制,学校数度变易,

---

① 上海中学之前身。
② 放,通仿。
③ 俞樾(1821—1907),清末学者。字荫甫,号曲园,浙江德清人。
④ 王闿运(1833—1916),近代学者、文学家。字壬秋,又号湘绮,湖南湘潭人。

惟南菁二字一以贯之,南菁的文化传统及办学精神薪火承继,且时时得以发扬创新。

综观一百二十年来,南菁造就之英才,如夏夜之苍穹,星光灿烂。他们服务于政、军、科技、教育、医卫、金融、商贸、文艺、新闻、出版等各个领域,在各自的岗位上作出了杰出贡献。

传前辈风范,树后人楷模。廷彦学长早有会心,在参与编辑历届校庆纪念册后,经长期积累,百方搜寻,瀚海钩沉,把散见于各种报纸、杂志、史籍中南菁精英的生平事迹,编制成册,用心可嘉,难能可贵。

据我所知,此书收集资料费时长久,并曾得到虞德范校长和童峰先生的积极支持和帮助,只是写作时间有限,也许还有一些成绩卓著的校友因之没有写入,或只是点到即止。以我之见,既谓漫笔,行文谋篇自然无妨自由随意。且南菁教泽,永世流芳,人才之出,将源源不断！由之,此书之赓续充实,则有望于来者。

能有幸拜读全书文稿,不揣浅陋,写下以上一段文字,是为序。

无锡萧宜壬午春日于上海寓所

冒效鲁与题画诗

"笔会"1月30日有周汝昌先生文,谈齐白石画《红楼梦断图》前后经过,说前些年他也曾请冒效鲁教授夫人贺翘华女士补画过《红楼梦断图》,"她并从海外寻得冒先生早年应白石此图和韵诗手迹照片"。

冒效鲁先生是复旦时教我们俄语的老师,多年后我又先后认识他女公子冒怀科及其胞弟冒舒湮,了解一些他的情况。

先生名效鲁(1909—1988),字叔子。如皋人。成吉思汗后代。先祖冒辟疆是明末四公子之一,父冒鹤亭是近代著名学者。家学渊源深厚,少时习经史,喜诗文。其早岁诗作即得樊增祥、陈三立、康有为等称赏。后时与赵熙、夏敬观、谭泽闿、叶恭绰、高二适、苏渊雷等诸家唱和。十六岁入北平俄文专修馆,以第一名毕业,即入读哈尔滨法政大学。上世纪三十年代初,曾任驻苏外交官。

我1955年入复旦时,他是外文系教授。1958年,学校实行"教育为无产阶级政治服务,教育与生产劳动相结合",我们去沪郊和上钢五厂劳动锻炼,而他为支援安徽大学去了合肥,便再没有见面。

冒先生与钱锺书先生最相投契。1938年,他奉调取道欧洲回国,在法国马赛舟中,与钱锺书、杨绛伉俪相识订交，遂成莫逆，从此往还不断。舒湮和我闲聊时，说起他们二人，当年相互赏识，诗词唱和，大有青梅煮酒论英雄的豪情。

我所见冒先生应张次溪嘱题齐白石《红楼梦断图》诗："青衫古庙对萧晨，欢唾离痕忆绛唇。别夜红楼尘梦断，一回吮笔一酸辛。"题为《次溪嘱题白石老人画红楼梦断图为访曹雪芹故居而作者也》（见《叔子诗稿》）。此诗作于1962年。这时张次溪《齐白石一生》在"笔会"连载。当时我在"笔会"当编辑，记得从7月15日开始连续刊登八十次，连环画家贺友直为之插图。不过此诗未步齐白石诗韵，不像是周汝昌先生说的那一首，不知是不是还有另外的一首。

刊2009年3月11日文汇报

张爱玲何时知乃祖

周劭先生《一管集》（山西古籍出版社、山西教育出版社出版）有《晚清奇才张荫桓》一文，该文最后有这么一段话："我还想起一桩半个多世纪前的故事，那时张爱玲尚只二十多岁，从香港来沪，道起身世，她先世虽做大官却惨遭刑戮云云，她误认张荫桓是她的祖父。我想想不对头，乃再询她原籍，方知是丰润的张佩纶。"韩石山先生据此说，在"一次谈话中，是周黎安先生（现名周劭）帮她纠正过来的"（文汇读书周报1998年9月26日第四版）。

据我所知，情况并不是这样。所谓"她误认张荫桓是她的祖父"云云，也许是周先生的误解，决不会出自张爱玲之口，因为张爱玲在去香港前就知道其祖父是张佩纶，而不致此时反鲁莽地误认张荫桓是自己的祖父。

我与张爱玲胞弟张子静有过一段交往。1995年9月，张爱玲孤寂地在纽约寓所辞世，那时我在文汇报"笔会"工作，便分别找了她的姑丈李开弟和弟弟张子静，想约一篇纪念文字。其时她弟弟张子静住在静安区江苏路一间约十四平米的单间（张子静父亲张廷贵和继母都在这里走完了他们的一生，最后张子静也在这里寂寞地离开了人世）。张子静先生知道了我的来意,便谈了他对姐姐的印象,并答应写一篇对姐姐的纪念文字(即后刊于文汇报"笔会"的《怀念我的姐姐张爱玲》一文)。他并把张爱玲近年写给他的信和一本《对照记》借给我参考。

在《对照记》里,张爱玲提到她祖父是这样写的:"我弟弟永远比我消息灵通。我住读放月假回家,一见面他就报告一些亲戚的消息。有一次他仿佛抢到一条独家新闻似的,故作不经意地告诉我:'爷爷名字叫张佩纶。''是哪个佩?哪个纶?''佩服的佩,经纶的纶,绞丝边。'"

张爱玲从进黄氏小学起就住读在校,逢休假日才回家。这事发生在小学、初中,还是高中,《对照记》里没有说,既然是住读期间休假回家的一次,可以推定,张知祖父名字至迟不会超过十七岁她高中毕业。

虽说张家对孩子们不谈祖父的事,但少年张爱玲对乃祖不乏好奇心,并多方设法打听。也就在这以后不久,她又从张子静处获悉小说《孽海花》中写有她祖父的事,便即找了来读。

《孽海花》是作为历史小说来写的,其中人物大都有原型,如金雯青即洪钧,傅彩云即是赛金花原名,威毅伯为李鸿章,唐犹辉为康有为,梁超如为梁启超,龚尚书为翁同龢等,有的更直用其名。据冒广生(鹤亭)原编,刘文昭增订的《〈孽海花〉人物索隐表》所列,全书二百多人,都是同治初年到甲午战争三十年间历史上实有其人者。

这《孽海花》中的庄佑培(字仑樵)即与张佩纶(字幼樵)姓、名、字谐音,只是名、字两者作了交叉变易。这庄佑培在翰林院任内参奏大员,参一个倒一个,"他的一枝笔头上,半年内不知被他拔掉了多少红顶儿",招惹得满朝人人侧目。后会办福建海疆事务,兵败马尾,被革职充军,经威毅伯设法获释,且入其幕府,威毅伯还把自己的女儿嫁给了他。

本来张爱玲听父亲与客人谈祖父的事,"听不了两句就听不下去了"。原因是大人的谈话牵涉到许多人名她都不熟悉,对那时政局又不了解。但读了《孽海花》便不然了,她在《忆胡适之》一文中说:"我看了《孽海花》才感到兴趣来了。"她父亲否认《孽海花》中写到她爷爷,她听了也不以为然。

此后,张爱玲又曾再次向父亲、姑姑询问爷爷的事,她父亲甚不耐烦,要她自己去读祖父的集子。张爱玲便请老师从父亲的书房中找爷爷的集子来读。这里所说的老师是指张家的家庭教师。张爱玲1937年7月圣玛莉亚高中毕业后要考英国的大学,被父亲关押,1938年从家里出逃后只回过一次家,那次她只坐一会就离开,她是想继续圣约翰大学的学业去向父亲要学费的。足见她看爷爷的集子是她离家去香港读书之前的事。

张佩纶出的集子有《涧于集》《涧于日记》。我另听张爱玲姑丈李开弟先生说过张佩纶全集,他还读过张佩纶写的奏折,认为"评议朝政,参奏大员头头是道,很博学"。张佩纶全集就是指的《涧于集》,包括文二卷诗四卷奏议六卷共十册,《涧于日记》,据手稿本影印十四册,都清清楚楚写明清丰润张佩纶(箦斋)撰。

这一点得到坐实,我们进一步可以肯定,张爱玲知道乃祖名字是在她十四岁前。因为张家请家庭教师主要为张子静。张爱玲很早就进小学住读,到1934年她十四岁上圣玛莉亚高一,张子静这时十三岁也入协进小学插班读五年级,此时张家便没有必要再延聘家庭教师了。

说张爱玲到二十多岁还不知其祖父是谁,既不符合事实,也不符合作为作家的张爱玲的性格特点。实际张爱玲在听到她祖父的事时,总表现得极有兴趣。她在回忆这些时说:"因为是我自己'寻根',零零碎碎,一鳞半爪挖掘出来的,所以格外珍惜。"既然是"格外珍惜",应该是不会轻易忘记的。

刊 2012 年 6 月 29 日文汇读书周报

永恒的瞬间
——陈克澄摄影作品集序

克澄要出他的摄影作品集,让我给他作序。这使我很为难,其原因,非不为也,是不能也。继而一想,对克澄,我倒是有些话可说。

克澄和我是大学同学,我们1955年进的复旦新闻系,称55级,1960年毕业,大学五年制,我们是第一届。我们这一届同学特多,有一百好几十人。说是为了适应经济建设发展的需要。四个班,甲乙丙丁。我和克澄同在乙班,对他的印象便深些,他瘦瘦高高的个子,普通话特标准。那时照相机是稀罕物,他有一架,凡出游或班级有什么集体活动,拍照的事,就全归他了。能记得的,我在大学时代的两张照片,一张是与高中同学朱宝泉在复旦校园小桥流水的合影,另一张是在复旦宿舍与朱家生准备下乡行装时的合影,便都是他的杰作。那时我们还没有学过新闻摄影,他是无师自通。稍后,他便向报社和新华通讯社发图片新闻稿了,可见他在摄影方面有今天这样的成就,也就不奇怪了。

我对克澄有更进一步的了解,是他编写《爱国实业家陈范有》一书。他让我帮忙看一看全部书稿,才知他父祖辈是中国早期民族工业的先驱者。其祖陈一甫曾是北方民族工业代表人物周学熙（南方为张謇）所办启新洋灰公司和滦州矿务局的参与者，是周学熙民族实业集团中的重要人物之一。其父陈范有则创办了江南水泥厂，是中国水泥工业发轫时期的重要人物。克澄自小在优渥的家庭中长大，但在大学期间，我们未觉出他是富家子弟。

克澄大学毕业后，其中除在浙江海宁的十年外，他都没有离开过与摄影有关的工作，先是在杭州大学新闻系，开设新闻摄影课，1973年底调任上海第二医学院（现为上海交通大学医学院）电化教学科工作，1982年赴美后，在美国洛杉矶市南加州大学（U.S.C）任所属儿童医院各科摄影科研工作。由于他过硬的摄影技术，他对工作的高度热情和认真负责，都取得很好的成绩。他在第二医学院组织摄制的教学影片在1984年全国高等医药院校电化教学经验交流大会上获最优秀奖。

他在美国的医学科研摄影，更受到医学专家的充分肯定和高度赞赏。洛杉矶儿童医院克莱顿眼肿瘤中心放射生物学和光生物学实验室主管查尔斯博士（Charles J. Gomer）说，一张兼具高品质并可重复性使用的眼部照片极难获得，然而陈先生填补了这一空白，我觉得陈先生的医疗摄影专业知识和技能是既独特又极其宝贵的。医学博士、儿科教授William F. Benedict是克莱顿分子生物学计划主任，领导一个研究计划，目的是要了解癌症形成的肌理以及其预防的可能。这项研究需要特殊技能高度熟练的摄影师来开展不同类型的摄影。在这一研究中，作为一个有价值的摄影师，必须有深入的知识并理解科学的原理和概念，必须能够认识和了解各种染色体、凝胶和细胞结构，他说："目前我们已经拥有在这方面非常有能力和训练有素的人，即陈克澄先生。"

克澄在医疗科研摄影领域能有如此成就,作为同学,我很引为骄傲,我只是惊异他这个学新闻的竟能做到这一点,他所付出的努力不难想象。

我知道,克澄真正的兴趣还不在此,从职场退下来以后,才更是他一试身手的时候,他兴致勃勃投入摄影创作中。我常说,拍照是年轻人的游戏。这话对陈克澄不合适,他风风火火,听到有什么好的题材就想方设法全身心投入。从2010年返沪拍摄《良辰美景不夜天》开始,他每年必抽出时间回国一次,而每次都有收获:2011年拍摄了"杭州西湖六月风光",2012年又拍了"杭州钱江新城""苏州大学图书馆",而"上海城隍庙"则是这年的意外收获。

摄影是现代工业技术发展的产物,如果没有光学材料、化学工业和机械制造技术的发展,就不会有今天的摄影技术。随着电子技术在摄影器材上的应用,入行的门槛几乎为零,一架数码相机在手,人人都会拍照。但它既是容易上手的一种媒介,又是极难成功的一门艺术,"因为它是唯一还存在着的于偶然间创作出杰作的媒介"(英国摄影家刘易斯·布莱克威尔语),与画家、雕塑家的创作完全不同,而它的魅力也就是在这里,所以人们又称它为瞬间的艺术。摄影既是一种实用工具,又是一门艺术,就看从事摄影的人是否具备摄影家的思维和素质,是否能从纷繁复杂的社会生活和自然风光中撷取出艺术图像来。这好比写汉字,只要有文化的中国人,想来都会握笔写字,但要成为一个书法家,那就是另一回事了。

作为一个摄影家,必须具备一双善于发现美、捕捉美的眼睛。吴冠中先生在同我谈到艺术教育时说:"培养艺术幼苗主要是培养孩子们的眼睛,使他们能在生活中发现美、捕捉美。"

说到这发现美捕捉美的能力,就牵涉很多方面,这其中重要一条,即感受美的悟性。人和人是有不同的,明代松江名儒陈继儒说过"人有一字不识而多诗意""一石不识而多画意"。这就是悟性。人的禀赋不同,悟性也就不同,加上后天的文化积淀,人生阅历,以及对摄影技术的谙熟于胸,那么拍摄优秀作品想来也就不难了。

作为视觉艺术,一幅摄影作品能给人以感官上的愉悦,得到艺术上的享受,我认为它就是一幅好作品。

这本摄影集所收作品创作时间跨度很大,最早的黄山系列摄于 1959 年,那还是他大学时代的作品。黄山之美,有口皆碑,世有"五岳归来不看山,黄山归来不看岳"的民谚,近代著名画家刘海粟十上黄山,尚画不够它的美。黄山仿佛大自然特意为画家、摄影家造就的尤物,它的山,它的松,它的如海浪的云,所在都与别处不同。作者突出了山的秀丽和松的坚毅,读这组作品,让人神清气畅。

他晚近偏好长卷作品的创作,其作品《洛杉矶夜景》叙事宏大,展出时尺幅竟达 548 厘米(高 61 厘米),整个洛杉矶市一览无遗。

想起早年去重庆,车近嘉陵江正是晚上,山城的灯火与江中灯影相互辉映,其景色真是太美了,想想夏秋没有月色的夜空,星汉灿烂,岂非"疑是银河落九天"的别一种意象!据克澄说,那是 1985 年在一个冬日的夜里,眼镜蛇冬眠时,他爬上洛杉矶的山顶,俯瞰全城,因山陡风大,他是在家人的保护下,跪在山石上,冒着危险拍摄的。

2010 年上海世博会是一次世界性盛会,他自然不会放弃这样的机会,他拍摄的《良辰美景不夜天》出手不凡。我参观过几个上海世博会摄影展览,像他这样瑰丽恢宏的画面似乎没有。如今这里景物虽然还有保留着的,但已不再是当时的气象,所幸它已留在克澄的镜头里,让我们能重温那时的热烈和欢乐。

其他如《上海城隍庙》《英国巨石城》等等,也是我喜爱的,这里就不多饶舌,无论怎么说,都不如自己去读他的作品。那么,就让我们一起来读他的作品吧!

2013 年 7 月

不意触及两位前辈不快往事

陈钦源是文汇报"笔会"老编辑,早年与唐弢、柯灵共过事。我 1960 年入"笔会",他也还在,我们也共事过一段时间。1963 年 11 月我被派往北京办事处当驻京记者,"文革"后期回编辑部时他已退休离开报社。1987 年 11 月我重回"笔会"后,觉得这样一位老编辑,辞世后也没有文章悼念他,便写信给唐弢先生,请其撰文写忆念他的文章。随后接到唐弢先生给我的回信。全文如下——

萧宜同志:

10 月 31 日手教谨悉,钦源是我老朋友,老同事。我在华光戏专讲课,他曾来听讲,以后在"文汇报"同事,我编《笔会》,他帮了许多忙。可以说,陈钦源是天下第一老实人,也是老好人。他逝世非常突然(我当时在日本),一点也没有想到。我未能为文悼念,至今耿耿于怀,不过也难,我为《笔会》写过一篇悼念石西民同志的文章,就有人在《朝花》上对号入座,大发雷霆,如果写起悼念钦源文章来,这类事情不免要说得更多、更详细(因为钦源是当事人之一,有许多话正是他告诉我的,我相信他不会撒谎),我不愿报馆朋友为我而为难,看来《笔会》未必适宜登载。不过主要原因还是我目前太忙,抽不出时间,将来还是要写的,匆匆,即颂编祺!

唐弢
89.11.5

见唐弢先生有为难处,便也作罢,对其中原由,我也未深想。

1993年2月15日,收到北京鲁迅博物馆一信,谓为编纂《唐弢文集》书信卷,要求提供书信复印件及抄件,并作必要的注释。我重又捡出该信,对所涉的人事作些了解。我到解放日报找到"朝花"编辑张世楷兄,他很热情,给我找来合订本,便查到了柯灵先生《俯仰之间——关于石西民同志的片断回忆》一文,内有这么一段文字:

> 今人写悼文,有的志在高攀以自重,不是真要寄托哀思,现在竟有在悼念文章中发泄私怨,含沙射影,讦攻别人的,更是旷古绝今的大发明,对已逝者是最大的亵渎和不敬,也是本人无意中的一次人格展览。
>
> 刊1988年12月15日解放日报

继而查阅唐弢刊于文汇报的《怀石西民同志》文,其中提及解放前后两人过往情节,他写道:

> 使我怀着感激和佩服之情的是:西民同志和我接触不多,到了关键时刻,却显示出一个人的品质——他的作为共产党员的知人论世的党性原则来了,我将永远永远地记住这一点。当有人莫名其妙地说我是一块大石头,终于被搬进党内

的时候，当有人说全国解放前避居我家，一遇风声紧急，便将他的铺盖扔到街心的时候，当有人以整风领导人身份拍着台子指说我是党内右派的时候，黑云压城，谣诼纷纷。西民同志始终保持着清醒的头脑。他经过详细的调查和冷静的分析，力排众议，独抒己见，采取实事求是的原则。

刊 1988 年 3 月 11 日文汇报"笔会"

余生也晚，对唐、柯二位前辈经历并不了解，查了两位的文章，始知要注释信中内情，实有不便处。于是我征询徐开垒先生意见。他曾任笔会主编，其时虽已离职有年，但对我仍常给予关心和帮助。他说，前辈的恩怨都是过去的事，我们最好不要参与。最后我决定把唐弢先生的这封信压下来，也不便回复北京鲁迅博物馆。

对陈钦源先生的悼念文章最终未见写成，倒是柯灵先生没有忘记他，他在 1996 年 6 月笔会文粹《走过半个世纪》序言中说：

> 副刊的成败利钝，和主持编务者密切相关。《笔会》历经风霜，已有多人前后接力。他们莳花栽木，水耕火耨，不知付出了多少辛苦。其中第一位是受聘而终未就位的陈西禾，首任主编唐弢，继任陈钦源等三位同志，都已先后谢世。钦源为人诚挚厚道，又是一位编辑高手，他编过《笔会》《浮世绘》，香港《文汇报》的《彩色版》，勤勤恳恳，功绩不可磨灭。1957 年的大风暴几乎使《文汇报》翻船，那时钦源正主持《笔会》，也就没有逃脱这一场无妄之灾。后来平反了，他也只是恬淡自安，默无一言。让我们借此机会，向他默哀致敬吧。

如今，一切已都过去。由于不健康的政治生态环境，导致社会失衡，人事不和，友朋反目种种情事，"反右""文革"中并不鲜见。两位前辈的不快往事，其原因恐怕也就在此。

附带提一笔，2005年，我从北京陈颖先生处获赠了一批书，其中有一本是吴伟（石西民夫人）赠送给陈啸原、陈颖夫妇的《俯仰之间——石西民纪念文集》（1996年江苏人民出版社），见里面收有唐弢先生和柯灵先生两篇文章。

刊 2013 年 9 月 22 日东方早报

读信的愉悦

我当编辑的时候,稿子都是手写,信函更是如此。刚开始时,我们都用红墨水笔改稿,因为红墨水涂改过的字仍清晰可见,发觉改得不妥当,要恢复也容易。办法是在勾去的字下打△,排字工人看了就知道是什么意思。到我即将退休的时候,报纸排版开始用电脑,但来稿来信还都是手写,文稿都送电脑房作排版和校对之用,信函则大都让我保留了下来。

书信是私人间的相互叙谈,率性书写,十分随意,是一种自由度极高的文体。这些信函各显书写者的心性、情怀和文字风采。

柯灵先生的信,以楷书行笔,结体端正秀美,有书卷气,如以歌唱作比,那叫字正腔圆,加之文辞儒雅,若配以兰竹信纸,则成雅玩,是董桥要写入他的"小风景"的。而周而复对书法艺术素有研究,他一律中式信笺,毛笔直行书写,文白结合,行草字体,形式内容古色古香。他的信札与他的条幅相比,更显自然随性有意趣。贾平凹的信用正式稿纸,但又不守规矩,仿佛那小方格阻滞了他的书写,他要挣脱它的羁绊,便把那稿纸反过来做文章,任由他信笔由缰自由驰骋。他的字,硬笔有硬笔的意味,毛笔有毛笔的气度,都耐看。红学家冯其庸是我乡贤,且在我所读初中胶南中学当过老师。不过我进校时他早已离开,无缘聆听其教诲。他有一信赐我,通篇笔走龙蛇,神完气足,是一件不可多得的文玩。

也有不讲究写字的,如王朝闻、黄宗江二位。王朝闻,川人,他的话难懂,字难认。他笑称家属"都不帮我抄稿了"。自嘲他的稿纸是"老太婆脸上的脂粉,难看"。他嘱咐我尽可能不要出错,说有关鲁迅的引文如有损于他的原意,"地下相见时他要责怪我的"。而黄宗江是个快乐而睿智的老头,访问他,你不用担心冷场,他自会滔滔不绝讲你想听的那些故事。可字不敢恭维。他写了一篇《诗魂君里》,怀念郑君里。文章写得很漂亮,他寄给郑夫人黄晨过目,要她配上照片转交给我。黄晨自然很感谢他,但对信上的一些字她看不明白,便回信给他说:"天书难辨,'指示'不清。"他却不以为意,还会写信告诉你,让你共享他的快乐。两位先生年岁大了,目力日衰,腕力不济,笔不随手,手不随心,但他们风趣幽默,字也便自然天成。

就我所交往的作家、艺术家而言,他们的信札各人有各人的面貌,都为我所宝爱。而其中,唐达成无疑是字写得极好的一位。

印象中,伍立杨要出一本集子,是唐达成为他写的序。当时,伍立杨还在人民日报(后任海南日报副总编辑),我们尚有很多联系。我便由于伍的关系很高兴认识了唐。与一般文人字不同的是,唐达成从小受过正规训练。他的字,一眼就能知道有源流,讲法度,根柢很深。他是书家,无论钢笔毛笔,每通信都写得神采飞扬。到他家,见到他满屋挂满了刚写好的条幅,对他又生一重敬意。

他答应要给我写幅字。我这人做事就是不抓紧,人家答应了,我就不忍心催逼。其原因:一、大家都忙,得让人有闲暇时;二、写字,但要乘兴乘顺手时效果最佳,不催逼能得到精品之作。这是我内心求字的愿望。

唐达成先生也记得这件事，只是后来他生了病，我也再开不了这个口。我为没有求得两个人的字深以为憾，一位是王蘧常，另一位便是唐达成。当然还有林散之。林散之的字仙风道骨，与他是没有机缘，而王蘧常、唐达成，是我自己错失了机会。

所幸有唐达成给我的信函，其中便有他的毛笔行草信札，让我有闲时就可以取出来欣赏，便也想起了他与我一段美好的交往。

刊 2014 年 1 月 10 日文汇读书周报

关于杂文姓氏之争

1996年新岁伊始，文汇报"笔会"扩版为每日出刊。元月2日，由全一毛《敲响杂文的锣鼓》一文倡议，开展杂文笔谈。其间有虞丹（蒋文杰）先生撰文主张《杂文姓"鲁"》（刊1996年1月3日"笔会"），引出章克标先生不同意见，撰写《杂文无姓》一文寄我。他在给我的信中说：因为不拟作论战，所以不提姓鲁该文，只自己表态而已。并嘱我："具名辛古木，因他才二十来岁，章克标已经九十七老人了，写此种文字似不相宜故也。"

其实，杂文锣鼓没有敲多久，收到《杂文无姓》一文时，杂文笔谈早已收场。但大家觉得章克标老先生这篇超短杂文写得风趣之至，驳论又丝丝入扣，还是决定予以刊发。好在全文不长，照录如下：

杂文如有姓，已经表明姓杂。

杂文既杂，就无所不容，无所不可，不限一姓。张黄赵李、周吴陈王，都可拿来就是，这样就等于无姓。故曰："杂文无姓。"

杂文无姓，亦不必有姓，亦不必强为立个姓。先前曾有过姓社姓资的大争论，有了姓，多麻烦。而要为之立姓，则无非想高其地位，立个山头，占山为王，进而打天下，取得文坛至尊的宝座。

如果立姓是为了像先前双百方针中曾有过的某种讲法:"百家争鸣,一家作主;百花齐放,一花为王"那就更加有害无益的了。杂文还是不要有姓吧。

文章发表时加了个副题:——读《杂文姓"鲁"》,不然,"杂文无姓"便变得没来由,具名亦未用"辛古木",仍用了章克标的本名。做编辑也常有不得已的时候,方命之处,想能谅解。

有趣的是,此文发表后又引起严秀的兴趣,他写了篇《也谈姓氏问题》(刊4月4日"笔会"),说:"章老的意见,当然是完全对的。但虞的本心,恐怕也是合理的。"他认为无姓,主要指风格、对象、形式等,而有姓,即杂文一定要具有比较丰富深刻的思想内容的意思,如人们常说的思想性、批判性、战斗性之类。所以他的结论是杂文既要无姓也宜有姓,姓什么,姑名之曰姓"思"。

当然,醉翁之意不在酒,严秀写这篇文章的主旨并不是要为杂文立姓,而是有其现实批判意义的,所以他笔锋一转,提出杂文"有没有最不能姓的姓"这么一个问题,接着列举了五个最不能姓的姓,即第一不能姓"官",第二不能姓"左",第三不能姓"吹",第四不能姓"风",第五不能姓"昏"。这五个不能姓的姓,其他都好理解,关于昏,需稍作解释,此指昏乱之意,即"利用杂文和随笔的形式,宣传一些乌烟瘴气的东西,如奇奇怪怪的特异功能,《周易》一书解决了宇宙间一切规律、现象的底蕴等等"。

此后,史中兴又在4月12日的"笔会"撰文《行家里手之间》,对这次争论作了一个总结。认为不同学术观点之间的争论,虽然针锋相对,也可以和风细雨。特别是高手之间的过招,更使争论步步深入。史中兴先生说的无疑都是对的,我想补充的是:一,章克标老先生在九十七高龄之际,尚能心中有话,一吐为快,其精神可嘉。可谓文章高手,宝刀不老。二,杂文姓氏问题,实际上也是个文风问题。有鉴于长期来运动不断,左风劲吹,致使文风日坏,打官腔,使棍子,套话不断翻炒,说假话不知脸红。谬种流传,陈陈相因,祸患无穷。严秀先生对此作一讨伐,可谓深得人心。

这不仅让我想起上世纪六十年代初,文汇报也有过一次关于杂文问题的讨论。

那是在1962年的广州会议之后,受周恩来、陈毅关于知识分子问题讲话的鼓舞,文化知识界思想活跃。文汇报开展很多问题的讨论。

"笔会"也扩大了版面,由原来的每周三期改为天天出刊。为了推动杂文创作,总编辑陈虞孙特地在华侨饭店召开作者座谈会,虞丹、郑拾风、楚云飞、陆灏等都参加了。

会后,骆漠(罗竹风)在文汇报发表《杂家——一个编辑同志的想法》一文。罗因此文而运交华盖,受到了批判,被撤掉了出版局代局长的职。《杂家》只是反映编辑的一些甘苦,希望能得到领导的重视和关心,解决一些实际的困难和问题,不想遭到姚文元的棍子。他写了篇《两个编辑同志的想法》,诬指骆文为名利思想张目。姚文元的文章自然遭到读者的抵制,他们纷纷给报社写稿写信,不满姚文元揪辫子、打棍子、借势压人。报社编辑早已不满姚文元的作派,为了反映读者的意见,报社商请郑拾风撰文予以反驳。郑拾风的杂文《插话》明似中立,不偏不倚,措辞也比较含蓄,但明眼人一看就知其用意所在。

这次意欲繁荣杂文创作的讨论因为姚文元的干扰而被迫草草收场,不过,时代总是要向前,社会在进步,世道有变化,两次杂文问题的讨论,结果就完全不同。

刊2014年6月13日文汇读书周报

再谈《干校六记》

二十三年前,我在新民晚报夜光杯写过一篇《寻觅〈干校六记〉》的文章。最近读到一些材料,觉得可以再说一说。

这事说起来有点远。

1981年的一天,在食堂窗口排队买饭菜,与开垒相遇,他是我在"笔会"时的领导。"文革"时我从北办回到编辑部,像水中浮萍,被调东派西,在各个业务部门流转,虽然仍与文字打交道,但对文学书刊是越来越陌生了。大概开垒觉得我还是个爱书人吧,主动与我谈到杨绛的散文,并告诉我,她最近出了一本好书,《干校六记》。

于是,我即从图书室借来《干校六记》。杨绛先生在书中,以自己的亲身经历,叙述那特定历史时期知识分子噤若寒蝉的生活,以及对亲人,对友人,包括对"小趋"(干校菜园班养的小狗)的思念和关心、焦虑和不安。那些日子是多么难熬,杨绛先生却娓娓道来,诙谐说痛楚,愤懑寓言外,惟其如此,那字里行间充溢着的亲情和友情就更加感人。

书薄薄的一本,很快就读完了。但不过瘾,便设法购藏,我到书店找,去书展觅,书海茫茫,终无所获。

时光一晃就过去了十年,冥冥中忽如神助,1991

年3月23日,我因身体稍感不适,便早早回家。当年报社在虎丘路,我家住中山公园苏家角,从报社到家,需先乘21路,到静安寺再转20路才能到达。经过华山路新华书店,一看时间尚早,便身不由己走了进去。在二楼偏里的一个书柜前,几本素雅的书吸引了我,便要来巴金先生和金克木先生的《雪泥集》和《天竺旧事》。《雪泥集》是1987年5月第一版,《天竺旧事》1986年7月第一版,发现两本书的封三书目中都有《干校六记》,赶忙问营业员"此书有吗?"说实在,我其实也是有口无心,是不抱什么希望的。

"有。"他转身从书架上抽出一本,给我。"啊,真有!"我禁不住叫出了声,"我找了十年,真太好了!"

为这次奇遇,我便写了《寻觅》这篇文章。在文中我除了叙述觅书经过,还写到了我的疑惑:

"我心满意足地带着新买的书回家,心上却总感到疑惑,这事到底是不是真的。

"《干校六记》是1981年出的第一版,共印两万册,以后没再版过,书出这么多年,怎么会在今天重又出现在书柜上?"

这个疑问很快就得到了解答。因为朋友听说了,托我帮助买一本,"于是我再次来到那爿书店,不巧书已在前一天售罄。与营业员一聊,才知道,这是生活・读书・新知三联书店设的专柜,专售三联出的书,其中有新版书,也有库存已久的"。他还告诉我,前两天有位香港读者也来买过这本书。此书售价2角4分,据说在香港每本卖到26港元。

我以为这就解了我的疑惑,我的那篇文章最后还这样写:"真该谢谢三联书店的同志们。十年前的书,还保存得好好的,并千方百计书尽其用,使尘封在书栈里的书能再次与读者见面。要是只以营利为目的,这样薄薄的、只卖2角4分的书,是大可不必从北京运来上海重新上架的。"

现在回想,当时书店出售的《干校六记》,应该是1986年的第二版,书的开本、封面、装帧都应与《雪泥集》《天竺旧事》,和杨绛先生的另一本《将饮茶》一致,它们属一个系列,一律的素白、雅致。我买的那本则完全不同。我那本,是丁聪设计的封面:萧萧西风扫尽绿叶,索索枝桠耸向蓝色的天际,雪盖的白白的地平线上坐落着一排排简陋的房舍,那窗洞中亮着的桔黄色灯光,使人想起那渐渐淡忘的逝去的岁月……

是了,过去十年在我遍寻无着时,这书原是有的,不过被压在书库里,没有上架。1986年出了第二版(当时我并不知道,还武断地说此书以后没再版过之类的话),它也得到"解放",上架销售。我正是在这当儿见到了它,真有众里寻她千百度,蓦然回首,忽见佳人的那份快慰和欢欣。我即在这本书的扉页写了"欲求已久,十年后喜得之。91.2.23 于静安寺新华书店"等字,还盖了个名章,表示自己的心情。

直到二十三年后的今天,我才明白,我当年所说,是只知其一,不知其二,并不是事情的根本所在。原来,杨绛写成《干校六记》,出版社不敢出,拿到香港,1981年5月出版,胡乔木发现了,批了十六个字的赞语:"怨而不怒,哀而不伤,缠绵悱恻,句句真话。"同年7月,北京出版了。《干校六记》出版后,据杨绛回忆,丁玲说《班主任》是小学级的反共,《人到中年》是中学级,《干校六记》是大学级。《干校六记》只许在"柜台底下卖"。

这些情况,我是从阎纲所写《中国作家协会"文革"记趣(续二)》一文中获知的(见文汇读书周报6月13日第五版)。其中还提到任继愈先生的一段话。任先生在收到李城外的《向阳情结》《向阳湖文化人采风》两书后回信说:"后来人如写文化大革命史

'儒林传',这是一批极珍贵的第一手资料,此种野史的真实性或为真史所不及。如果不是你们的推动,这些内容的史料将自然无形地湮灭,岂不可惜?"对回忆文化干校生活的文章给予很高评价。

自然,也有人不愿意看这样的文章,也不让人写这样的文章,这就出现了写了的书无处出版,出版的书变着法儿不让销售的种种怪事。

但是,人们是欢迎的,正是阎纲所说,"历史不可侮,《干校六记》不胫而走,自由流传,风行一时",是挡也挡不住的。

刊 2014 年 7 月 6 日东方早报

师友信札

孙犁信札二通

1

萧宜同志：

先后赐信均收见，甚为感谢！

因手头无别作，寄上短信数件，如不合用，仍希寄还。礼

编安！

孙犁　2.22(1989)

2

萧宜同志：

前后来示，及惠赠报纸，均收见，甚为感谢！

刊物编得很好，好几篇文章：如关于钱君匋，程砚秋，及近期关于叶浅予、关良的，我都认真读过了，内容充实，很有兴味。

可惜我对文学以外的艺术门类，所知甚少，涉猎亦微。但如有心得，一定写稿寄您，以副雅意。望代问笔会诸同志好，即祝

编安！

孙犁　11.12(1992)

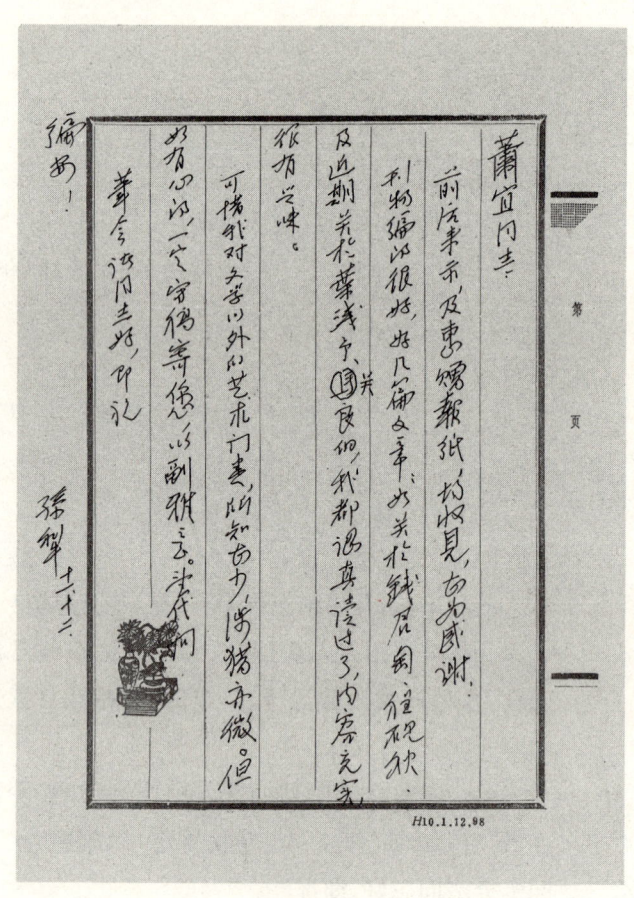

孙犁致作者信

柯灵信札三通

1

萧宜同志：

　　寄呈悼念《电影故事》主编金陵一文，这是为了雪中送炭，给小人物吐一口气，所以希望在《笔会》和《电影故事》同时发表。(《电影故事》拟刊六月号，该刊出版日期规定是五日，但常延期至十日或十五日。)是否可行，请尊裁。倘觉不妥，千万不要客气，但恳请尽快把稿退给我，以便另作安排。此请编安，并候

示复

柯灵　5.11(1989)

2

萧宜同志：

　　寄上文稿两篇，拟投《笔会》，是否可用，请尊裁。

　　一是冯亦代同志的《读"太平洋"的拂晓》，受人之托，希能发表。作者是名家，评介的也是值得介绍的作品。

　　一是陕西汉中党校的杨建民同志的文章。杨是拙作的老读者，通信多年，并不相识。文章评价《文心雕虫》，颇多溢美。辛辛苦苦为我写的文章，束之高阁，颇觉难以为情，由我介绍发表，又等于自我吹嘘。

踌躇再四,还是请你作解铃人。倘不可用,万勿客气,请按作者地址退还,我也算了了一笔人情债。
　　　　　　　　祝
编安

　　　　　　　　　　　　　　　　　　柯灵　92.8.22

3

萧宜同志:

　　昨天发信匆促,忘了一句话:杨建民稿如可用,溢美处请加删芟,总以实事求是为佳。
　　　　　　　　祝
好

　　　　　　　　　　　　　　　　　　柯上　8.24(1992)

中国人民政治协商会议全国委员会委员用笺

萧宜同志：

　　手书及报纸都收，苦而无成，多承挂拭，不愧交逆。

　　报纸出八版，看来势在必行，"笔会"增加频率，便于发挥，堪以为贺。

　　您限期内要写短文，已无可能。手头有一篇四千字的散文《画意绵绵》，但觉还需三有物，拟刊香港《民报》65年纪念号。大陆读者绝少见到《民报》，"笔会"如不以为意，代为以寄奉审读。祝

　　编安

　　　　　　　　　　柯灵 9.7

柯灵致作者信

吴冠中信札十五通

1

萧宜同志：

信及报均收悉，致谢！报已转去王秦生。他地址：030000 山西太原迎泽大街 46 号美协山西分会。

我已将您的通讯地址告他，他当会复你们。

遵嘱写了三篇谈艺短稿，附上请审阅是否合适，分散用或集中一次用由您考虑决定。附上图片备选用。

祝

新春好

吴冠中

1991.2.5

注：此信应写于 1992 年 2 月 5 日，吴先生误写为 1991。

我经手吴先生的文章第一篇是发表于 1992 年 1 月 16 日笔会的《黄河和黄土孕育了他》，是写他的学生王秦生的。

寄来三篇谈艺短稿即发表于 3 月 5 日笔会的《艺术断想》（三章）。

2

萧宜同志：

　　文化部艺术市场管理局同意我自己先表态，新闻曝光，他们正研究处理办法，因这方面的立法尚不明确云云。

　　这不是文稿，您看何处发合适，(新闻栏?)请酌量。我即将赴法，匆匆
握手

吴冠中
1993.11.8

　　注：随信附来《伪作吴冠中〈毛泽东肖像〉拍卖前后》复印件及《毛泽东炮打司令部》一画复印件各一份。

3

萧宜同志：

　　我家电话（略）

　　我刚返京，忙极，你的信先简复，见谅。

　　朵云轩与永成联合拍卖，因此当然对拍卖作品共同负责，岂有无关之理。正因朵云轩是国内老牌店号，爱护国家声誉，不能置之不理。如海外拍卖行卖我假画，我往往无暇顾及，但像苏富比、佳士德等有声誉的国际拍卖行一般事先将作品照片寄我鉴定，"炮打"即一例。国家老字号被利用，甘心被利用，有目的被利用，怎样对待这件事？我的作品以往通过荣宝斋、美协、工艺品进出口公司、北京画店等渠道外流，外流后被倒卖转手，拍卖，本人无权过问，但有权过问伪造。此次委托我院上诉，一切由法律解决，本人

无暇参与细节事务工作。

我学生时代跟潘天寿老师学过传统中国山水、兰竹等，后全力画油画。七十年代初在部队劳动时，因领导要求，画过点水墨兰竹，至七十年代中期后才认真试作新墨彩画，但当时从未作人物。六十年代我患肝炎，全休病假，仍须接受批判，完全丧失创作能力，一笔未画，且属反动学术权威及黑五类，更无资格作毛主席像，故此伪作实在可笑之极，报刊报道拍卖高价，后果恶劣，因非同一般伪作，何况我事先通过文化部正式通知朵云轩，"朵云轩无关"之说岂非儿戏……

鉴定古字画有许多复杂情况，但今作者就在面前，根本不属鉴定古字画、古董问题。

握手

吴冠中
1993.12.8

注：这是吴先生对我11月30日一信的回复。我写给吴先生的信，主要是想请他谈谈他的画艺生涯和他不同时期的艺术追求，特别对《炮打司令部》这幅冒他名的画作，他为什么这样重视，不惜花大量精力和时间诉之法院，是出于一种什么考虑。

4

萧宜先生：

刚给您函询及"调色板"有否收悉，因我今年未订文汇报，翌日便接您及张楚良先生来函及有关有限印刷资料。

墨彩印刷用木版水印、珂锣版等均可接近原作，但需用原作制版，至于油画，恐我国印刷技术尚难过关，估计有一定困难,你们便中来京欢迎来家相叙,专程为此则恐失望。我家电话(略)。本月我不会离京。

报纸仍希寄来。握手

吴冠中
1994.10.10

5

萧宜先生:

您好!

我看不到文汇报,请您代为留心:

文汇报有未更正那条消息,因上海法院已通知报社误导。消息来源何处?既不同我本人核对,又未向法院或我的律师核对,文汇报居然发这样荒唐的消息,居心何在,背景何在,事情没有完。今上海中级人民法院正式通知定本月二十九日上午9时30分为炮打司令部一案开庭。

那两张底片如不合用,请张楚良同志挂号退回,以后另找,那天太匆促,我事先也无准备。

文汇报不促进文化事业发展,反为××行为利用,确令人费解。当然此事与您无关。

握手

吴冠中
1994.12.6

6

萧宜、楚良先生:

大札悉,遵嘱附上简介及照片(反转片,用毕请退回)。

因参加全国政协常委会及大会,已一段时间未作画,今官司了结,抹去狗粪,当重振旧业。静下心来,待写出有合适的文稿,当奉上。

　　握手

吴冠中
1996.3.24

7

萧宜兄:

　　我昨晚刚从印尼返京,一切均好。读悉大札,照片亦收妥致谢! 离京前写了一篇《说常玉》,是台湾要出版常玉画集的特约稿,亦将在明年第一期《中国油画》发表,如合适,你们可先发。附了三张较易制版的常玉作品供挑选,用毕仍寄还。中国美术界已十分关注常玉,他比潘玉良高一档次,但他的资料甚少,所以国内尚无介绍。《我读石涛画语录》在北京也卖得很快,因用全新观点分析,反映强烈,《美术研究》(中央美术学院出版)明年第一期将辟专栏讨论,今附上一本请教。

　　匆匆先复。

　　握手

吴冠中
1996.11.19

8

萧宜兄:

　　文选如需书名,我考虑:沧桑入画——吴冠中文选,是否合适可再研究。

注：此为文稿末的附言。北京邮戳时为 1997 年 4 月 29 日。

为编选"吴冠中文选——沧桑入画"，我曾给吴冠中先生写信：

冠中先生：

您好！

笔会文丛精选笔会老朋友、老作者的文章。分人编成集子，以求形成一个系列。我阅读了先生的文集，和在文汇、新民晚报新发表的文章，立出一个目录，奉上请您过目。

这是以前曾同您商谈过的，所选文章我想一是能反映您主要生活经历，二是能体现出您的主要艺术见解。您看这样的总体框架不知是不是可以？

另外，您新发表的文章，我只限于文汇报和新民晚报两家，您在其他报刊发表的，还有 1989 年四川美术出版社的《吴冠中文集》和台湾远行出版公司 1990 年版《要艺术不要命》两本文集的还没选入，所以这个目录要增补（如觉不妥的可删除），增补的文章，请提供复印件。

所选文章，如有文字改动，也请提供复印件。

书名：我的艺术生涯——吴冠中文选。

（此为底稿，未写年月。）

9

萧宜兄：

附上前言及一批新稿。

《一幅画的故事》及《说树》你记了待查，省你查，也一并附上。《说树》末尾曾被删改的我又补了上去，删不删我看关系不大。《雁归来》基本包括在《尸骨已焚说宗师》中，故可删去。同样，《水陆兼程》也包括在《柳暗花明》中了，故删。

稿子最后的筛选及编选顺序由您确定,我不坚持任何意见。

匆匆祝

撰安

吴冠中
1997.5.27

注:其时我正在编吴先生《沧桑入画》一书,这是关于此书出版编辑问题他给我的第三封信。此书于1997年12月出版。

10

萧宜先生:

我去了加拿大,刚返京,余先生的诗是否可在"笔会"发。

吴冠中
9月20日

注:此信写于1997年,是写在台湾山美术馆王邦珍的信笺上的。王邦珍的信如下:

吴冠中老师:

您好。我是山美术馆工作人员王邦珍,很冒昧打扰您。七月十九日画展酒会时,余光中老师在展场欣赏您的作品时,流连徘徊许久,隔了二天就写了《水乡宛然》这首新诗,寄来本馆,希望能与老师您的作品同时展出。我们已经将它展于老师您的画作旁。

今天特将此诗传给吴老师,让吴老师您感受余光中老师的思乡之情。暑安

山美术馆邦珍写
97.8.11

11

萧宜兄：

今托周玉明带上1.吴冠中文集2.要艺术不要命3.东寻西找集4.风筝不断线5.谁家粉墨6.天南地北7.美丑缘等。前六种都是早期出版，量极小，故大部分篇幅后来被重复编印入新集。

《吴冠中绘画形式分析》已包括在《画中思》中，《望尽天涯路》大都是编者摘编，无新篇。《生命的风景》尚在出版之中，年内出书。

另附上发表未结集的新篇22篇。《黄金万两付官司》不可遗漏。前日返京，匆匆先找出这些书及稿，以后再补遗。这次去法国、西班牙及荷兰历时20余天，仍很匆忙。

握手

吴冠中
3月24日(1998)

注：这次带来的七本书和一份1993—1998年表都是为我编吴冠中文集(三卷本)作准备。

此书于1998年12月由文汇出版社出版。

周玉明，作家，记者。1965年高中毕业后入文汇报半工半读，后入文汇报文艺部跑文艺一条线，其后入笔会当编辑。

12

萧宜兄：

提纲早收到，严谨、认真、全面，你对工作的投入早使我信任，感激！

1992年后的画集目录也早已寄上，与你寄提纲时正好在邮途交叉。

文集目录遗漏：

吴冠中文集　香港繁荣出版有限公司　1991年9月初版

望尽天涯路　东方出版社　香港中华书局1993年1月

吴冠中散文选　国际文汇出版公司　1993年3月

画集中我也忘记了大型速写集（即托萧关鸿兄带来那本）吴冠中速写集　新加坡艺达作坊出版　1993年5月

祝工作顺利身体健康

吴冠中

1998年6月14日

注：萧关鸿，作家，曾先后任文汇月刊副主编，笔会主编，文汇出版社社长、总编。

13

萧宜兄：

应红（李辉夫人）为新刊物（《记忆》?）约回忆三四十年代的文稿，应约写了"安江村"，自己觉得不错，有史料有感情，拟挤入文集，你先看看。

年老事繁，文稿虽亦看过二三遍，仍不少错字及笔误，如《邂逅江湖》中将石涛的"搜"尽奇峰打草稿误为"收"尽……累你多费心，致歉！

握手

吴冠中

我的个展正由文化部所属几个机构在筹划中，时间定在明年11月。

注：此信忘写时日，时在 1998 年 7 月 13 日。

14

萧宜兄：

某部门来约稿说明年国庆五十周年要搞一本名人忆北京的书，包括中央领导及各方面的军政要人，我无意列入要人之群，但感到这选题不错，故自己写了这篇"北京居"，还愿在笔会发表。

那篇《邂逅江湖》有不少读者来函赞扬。

匆匆握手

吴冠中
1998.10.2

15

萧宜兄：

信，相片等均悉，致谢！

《笔墨等于零》初刊于 1992 年香港"明报月刊"，后由其他书报转载，因争论才查出日期，其他我自己均无记录。

书名也想不好，因选集版本不少，精选者难突出。如雨前的茶是稀少，好茶，则可否名"雨前集"。还是你们选定吧，前言我无话可说，因是精选，编者或有所考虑，有话说。

自沪返京后，身体较前好转，今年作了少量的画，并根据自己的观念写了些汉字，将在 2005 年我个人年鉴中发表，届时当请指教。

向萧关鸿、陈言梅、张楚良等友人问好。
握手　　问夫人好

吴冠中

2005.11.23

注：此书后定名"横站生涯五十年"，于2006年3月由文汇出版社出版。序用2005年上海美术馆"吴冠中艺术回顾展"前言，加了个标题：一个情字了得。

贾平凹信札八通

1

尊敬的萧宜同志：

您好！

蒙您关照，多多感谢！

我因患病住院已40多天，写了一篇散文，寄您，您看看能否用？若内容不宜或字数嫌长，您退还我就是了。"笔会"现办得很好，很有看头。

我可能还要住一两个月，好好养养病。这篇散文就是写写心境，也反应些社会事。

祝您身体健康！致礼！

贾平凹　88.9.19

注：这是平凹第一次寄我稿子，题"人病"，刊1988年12月24日文汇报笔会，获得1989年文汇优秀作品奖，收入笔会文粹《走过半个世纪》一书（1996年文汇出版社出版）。

2

萧宜先生：

收到信。我因病避过了政治上的不幸，坏事反成了好事。现一切安然,但单位进了考察组,学习很紧。我出院二月,这一段自感很好。

前几日正好去黄河龙门一游,许多感慨,写了一篇散文,恰您信来,就给您吧。若能发表,最好不要删减,因此文有我许多别的含义。若不宜发,退我就是了。

现在小说难写,散文倒还可以发发感慨了。

问候水渭亭先生。

盼多来信。下午我上会自查,虽没事但处级干部要从思想上清查。

我的邮政编码:710003

贾平凹　89.11.13

3

尊敬的萧宜先生:

好!

久未联系了。感谢您的多次关照!

今有一稿,不知贵报能否用?此稿是写给陕西日报的(他们约的),但发表时,他们的领导认为有些字句不合时宜就大删大改,结果印出来一塌糊涂,令我哭笑不得。我重新看原稿,觉得并没有什么越格的话啊! 所以,我想让您看看,如果贵报不介意,能不能再发表呢? 且陕报是地方报,看的人又少。如觉得不妥,也就罢了。等我将来出书成册时再用原稿。

有几次给贵报写了稿子,但都又让来人拿走了。我一定要给您多写。为了您的为人,我愿意多给文汇写稿的。

问候水渭亭同志。

我近日开始写些小说,前不久为人民文学写了个中篇,今年若身体可以,就要写那个长篇了。

祝您一切如意!

致

礼

贾平凹　90.5.4

注:据查此文刊 1990 年 5 月 17 日文汇报笔会,题"好读书"。

4

萧宜先生:

好!蒙多年关照,十分感谢您了!

今寄一稿望审阅。

这是悼三毛的。三毛在大陆影响巨大,对于她的死,读者中乃至有文化的人都震惊不已。我与三毛虽未见面,但还是有些关系。我写了此小文。(且将陕报上的一篇文章复印给您,以证实我所写的内容。)

国内悼三毛的文章还未见到。今早得到消息,台湾出现抢购三毛书的风,还准备出纪念三毛的专书。文中所说那个叫孙聪的先生刚才来电话,要我把这小文复印一份由他寄台湾收入纪念专书中。但我想,此文能否在贵报上发一下。不知您们能否发。但愿您能给予关照,争取尽早发出,以表大陆读者对三毛的哀思。

祝您好!

我的家中电话(略),晚上可以通话。

致

礼

贾平凹　91.1.9

5

萧宜先生：

好！

收到您的来信，也看到了4月9日的报纸了。

在收到上上一封信后，原来要重去拍照画的，但我不几天就犯病住院治疗了，现还在医院，可能要住3—6个月。我只有将以前拍照的几幅寄上。但希望也是要求用完后能还给我，我得有资料。我不会裱画和拍照，托人又极费事，后边的只能求别人。现住院平日不得回家，只好这样了。而且要配文字，也只能在病床上写了。

4月9日那字画刊出后，收到许多读者要画的。其中北京老作家萧乾来信，说他一生从未向人讨要过字画，但看了报，希望给他画一张。

十分感谢您的厚爱和支持！

有事请来电话，我家的电话现修好了，我爱人下班后都在家，晚上通话最好。我的电话（略）（有些文字近日寄上）

祝好！

　　　　　　　　　　　　致

礼

　　　　　　　　　　　　　　　贾平凹　91.4.15

附记：我于1991年4月9日在笔会为贾平凹开辟"平凹作画记"专栏，此信即是他见了我寄他的报后的来信。

专栏每期图配文，一般一图一文。很受欢迎，但也有批评意见。印象深的如1991年5月10日《武松杀嫂》一期，山东曲阜报来信要求转载,有读者则来信指责,上纲上线,"文汇报常有此类文章载出,谁家之喉舌?"

时代到底进步了,这样的问题,我想在今天是不会再有了吧!

这里要说一说贾平凹作画的初始想法,他说:"近期来,我突然画画了,一些专业画家看后,赞不绝口,大加鼓励,怂恿我办个画展,陕美社也说要给我出本画册。我的画,长处在于没技巧,敢于突破框框,有我的思想和构思,短处也在于没技巧,笔墨讲究不够。我想这个专栏可以办个别人从没干过的事,就是每次两幅画,每一幅下边配我一小段600—800余字小文,不知行不?可能这样读者会有兴趣。"

在报刊登平凹的画,笔会可能是最早的。

6

尊敬的萧宜先生:

您好!

久未联系,却是相念,因烦心事缠身,又无短文寄您,所以未能去信问候。我家庭的情况,现已基本安稳。外边飞扬的谣言甚多,只是谣言。

听北京《十月》杂志田珍颖同志来信,她与您已有联系,说您对我的长篇小说《废都》热情关注,已同意七月初发表她写的那篇关于《废都》的文章,我很高兴。您的名字最早我提供她,我说萧宜先生是极好极好的人,我们关系已经很熟,没问题的。今早她给我电话,说"文学报"有一个小小文章报道了《废都》的出版,文中披露了田的那个文章(原是审读报告)一些内容(三处),田害怕这样影响了你们将来发表那个全文。这个小文章是陕西一个人写的,未经过我意见,也未征询田,不知从哪里得到田的审读报告(田的报告我曾让几个朋友看过，可能朋友让其看了）。对此，我写此信，还望您多包涵。您可翻阅一下"文学报"6月17日那个小文章。还盼望不要影响了七月初在"文汇报"上发表全文。这是我第一部城市小说，北京方面也很看重，且"文汇报"在全国影响巨大，能在贵报作以宣传，对于发行此书，导读作用极大。

那我在此多谢您了！

近期写有短文，将寄您求正。

有什么事，可来信，地址照旧。

如能见到水渭亭先生代问候。

致

礼

贾平凹　93.6.22午

7

萧宜大兄：

接到您的信，很高兴！

您约稿，我不能不写，写得好不好是水平问题，写不写则是感情大事！

还住在医院治疗，写了这个小文章，不知合宜不合宜？如不宜，则退我，万不可为难，我给"家庭"去，今年我在那里开了个专栏。我现在是一些报刊敏感，我也怕给一些朋友们带去不利的东西。

多年蒙您关照，不胜感谢，无论为何，友谊长存！

致

礼

贾平凹　94.3.30

8

萧宜先生：

我从年初一直在外，才从四川归来。收到7月31日信，知回迟了。

我寄一个小稿，是我在四川写的，您可看看。

《白夜》已经出版，不知您看到没有，望多指正。

还望多关照。有事来信写市文联也可，写西安市南郊西北大学中文系我收也可。我住在西北大学，在这里兼职教授。

致

安

贾平凹　95.10.5

周而复信札三通

1

萧宜同志：

大札已悉，当时因为《报告文学》赶写回忆录，迟复望谅。

遵嘱寄去《江南忆》短文一稿，请查收审阅，上海报刊努力组织反映上海有关文学作品，甚是必要。上海可写应写之处甚多，惜此类作品发表者太少。你和贵报倡导，必将有所收获。匆复并颂

文祺

　　　　　　　　　　而复　一九八九.八.十六

2

萧宜同志：

函悉。《上海的早晨》电视剧尚未看，上海曾邀我去看并出席记者招待会，因事忙，已函婉谢，此剧系由赵孝思、陈刚同志改编。小说创作谈曾写序述之，刊新版第一部，未识寓目否？暂时难以执笔。此剧播出后，让观众和评论家评说，原作者暂时不谈，避免自我吹嘘之嫌。既蒙约稿，敢不报命，附去七律二首，聊供补白。敏之兄首句《黄浦江边咏早晨》即指《上海的早

晨》,第六句指仆所写抗日战争长篇系列小说《长江万里图》第一部《南京的陷落》与第二部《长江还在奔腾》已出,第三部《逆流与暗流》将出。可否算交卷,请酌定。据悉,该剧上海台将于十月初播出,继之中央台将向全国播出。知念特此奉闻,匆复并颂
文祺

而复 一九八九.九.廿一

附:赠敏之兄　步原韵
　　周而复

一九八一年五月自澳大利亚、新西兰访问归来,过香港小住,读敏之兄赠诗,承蒙过誉,愧不敢当,步原韵赠之。

港埠停机五月晨,
南方秋暮北方春。
昨宵际遇申江酒,
今世常存慕友心。
域外有诗评旧事,
人间感奋续新征。
年华未便轻飞逝,
留得柔毫扫劫尘。

赠周而复兄
　　曾敏之

黄浦江边咏早晨,
江南曾夺一枝春。
延河不尽英雄概,
四海争传仁者心。

浩劫岂能销浩气，
长篇再续颂长征。
如君胆识知多少，
幸接翩飞拜后尘。

3

萧宜同志：

大札已悉。

遵嘱寄去一稿，谈散文的发展，请审定。

作家应有多方面修养，能有扎实基础更好，不可现买现卖，有如百货公司经理；库存丰厚者，可以写之不尽，否则捉襟见肘，难于持久，更难成为大家也。仆常苦人生有涯而知识无涯，故偷闲学习书法等艺术，求之惟恐不得也。

匆此并颂

编安

而复　一九九二.三.廿六

中华人民共和国文化部

肖宜同志：

大札已悉。通讯特写一稿，请转上海发展。

作家应有多方面修养，他有札实基础文材，不于位置以贵，有为之士也。可经理库尔克与屈原，乃以穿之不尽，否则挺挺兀兀谈把话说无物，徒劳也。古家也。傕年苦人世皆在劳。和谢书述，好个闹，一月了可，求之州观子，流也，匆此奉复，

　　　　　　　　　　即颂

　　　　　　　　　　　撰安

　　　　　而复　八九二、廿六
　　　　　　　　　当晚艺术馆

周而复致作者信

冯宗璞信札二通

1

萧宜同志：

　　承约稿，实在想为《笔会》做点什么。不知译文你们要否？寄上一些，请酌。如不合用，千万不要为难，掷回可也。

　　问好

宗璞
1989.2.19

以后还当写散文寄上。

2

萧宜同志：

　　寄上向历史诉说一文，请酌发。如17日前来不及，最好在今年内。好吗？多谢。

宗璞
1995年12月9日

如觉有不便处可略删。

注：《向历史诉说》刊1995年12月24日笔会。

张中行信札二通

1

萧宜先生：

大札及黄裳先生大作拜收。所示"如有不同意见，欢迎写文章"，恕不能应命。所以然者，盖有多因。

一、拙作承黄裳先生赐览并费笔墨述评，深以为幸，只想说"多谢"。

二、拙作确有不妥处，如举钱牧斋事即是。钱氏之情况，我不是不知道，学问文章有可取的一面，为人则有可鄙的一面，因热中怯懦（陈寅恪先生评语）而结交马阮，以及黄裳先生所举之不仁不义皆是也。记得昔年为一后辈改文稿，曾易"牧斋"为"谦益"，以示不尊重。多年来老境颓唐，丢三落四，以至立论时只顾及原其不殉节，而说得偏激片面。得黄裳先生匡谬，亦当顿首谢也。

三、近数十年，在上者无容忍不同意见之雅量，动辄运整治之斤成风，使不少人轻则不能抬头，重则不能保头，以至万马齐喑，有识者皆叹惋而徒唤奈何。我人微言轻，不能兼善天下，尚自勉能独善其身。矫枉不惜过正，对于针对己见之不同意见，一向尊重，并表示欢迎。知而行之道是，纵使未必能放弃己见，也决不执笔争论。

四、少数相识秉维护之高谊，说沉默不言，人将视为自己承认失误。答曰,我回顾往昔,总是发现失误很多而成就很少,人视为失误,正是言必有中,心是不会不安然的。

总之,因为有以上的杂乱想法,就不能为贵报的贵栏目增添些热闹,甚歉甚歉。北地今岁不冷,室内尤暖。而肥猪出门之际,狡鼠则必来,应时,从吾乡美俗,祝
恭喜发财

张中行拜复
1996.1.16

注:1996年1月9日黄裳在文汇报发表《第三条道路》一文,对葛剑雄《乱世的两难选择,冯道其人其事》及张中行《有关史识的闲话》,提出不同意见,后葛、黄又各自撰述己见,刘梦溪亦撰文参与了讨论,张中行则写了这封信表示了自己的态度。

此文张中行收在他的《写真集》中,当我在旧书店无意中觅得此书时,竟发现直接以《复〈文汇报〉萧宜》为题。经核,行文稍有不同者,"三、近数十年",《写真集》中则改为"三、有段时期"。

2

萧宜先生:

《流年碎影》三五日内可见样书(上市略晚),照原商之办法,由贵报发有关杨沫之片断,标题等皆已拟就,寄上(清样复印本),请处理。北京《书摘》介绍,不用这部分,并奉问,匆匆,颂
编安

张中行拜
97.6.25

注:此文刊于1997年7月9日文汇报笔会,题《关于杨沫》。

唐达成信札二通

1

萧宜同志：

最近率作家代表团赴印度访问了十五天，印度古老文化绚丽多彩，尤其表现在宗教上的雕刻、石窟、建筑均极精美，令人赞叹。只是刚刚回来，理不出个头绪来。

承你约我为《文汇》增刊写稿，我已答应你，但因有印度之行，赵树理回忆文章一时尚无暇写出，行前曾写了另一篇《书墨缘》，是将我学习书法及对中国独特书法艺术的理解表示了一点看法。现寄上请你审阅，不知尚适合《笔会》刊用否。如不适刊用，请勿为难，但请寄回给我，因为抄写甚为麻烦也。可用不可用，都烦告我一声，以免伫念。文汇报扩版后，内容更丰富了，甚为可喜。匆此

即颂

编祺　并贺新春愉快！

唐达成

一九九五年一月廿七日

2

萧宜兄：

寄来的《文汇报》都已收到。

《笔会》仍以高质量的文字吸引人，可喜可贺。

最近写了一篇散记，是去年去温州采风时，参观瓯海大堤时的印象，似乎给《笔会》发表长了些（约三千字）。你如觉尚可用，请你斧削，全权委托，上次《书墨缘》你就删节得很好，比原来的啰嗦更见精炼。自然，如不可用，你万勿勉强，退我即可，我另作处理。文债甚多，应付其他报刊还是可以的。

春节甫过。元宵佳节将至，上海想必很热闹，祝你和关鸿兄节日愉快，见梅朵兄亦请问候。匆此即颂

编祺

唐达成
一九九六年三月一日

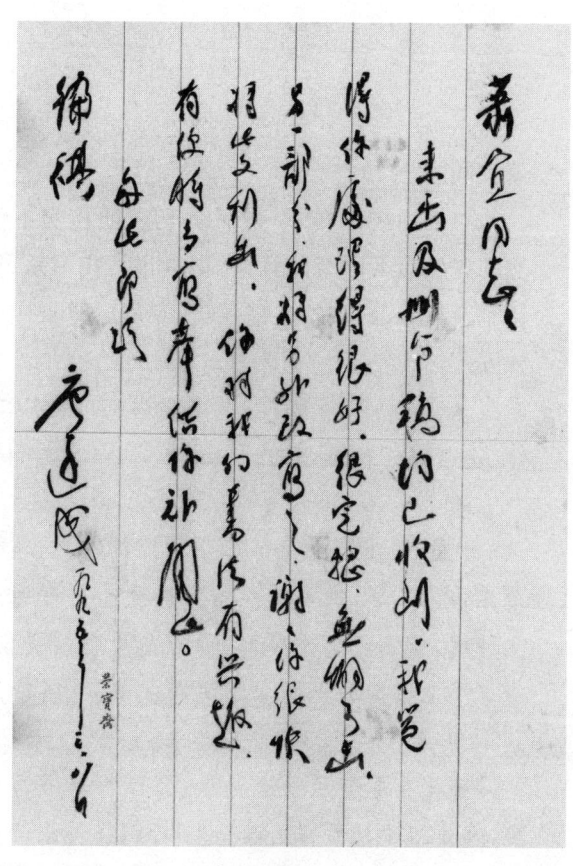

唐达成致作者信

钱锺书信札一通

萧宜同志：

　　惠书由杨绛转示，敬悉一切。拙札实不值发表，然郭先生后人既有此意，径交贵报。我不杀风景。将错字及标点改正，寄上请察收，专复　即叩
秋安

　　　　　　　　　　锺书上　九月二十五日
　　　　　　　　　　杨绛同候

　　注：1990 年 9 月得苏州邹绵绵寄来钱锺书致郭晴湖信函二通，这是他在帮助郭先生整理、撰写郭先生诗赋、书法纪念文字时，由郭先生哲嗣提供。同时寄来了他所撰的说明。此两通信函以《致晴湖》为题刊 1990 年 10 月 23 日笔会。

　　钱先生原信函没有标点，又以行草书写，为了慎重，我排印小样后寄呈钱先生校核，遂得此信。

　　郭晴湖（1909—1990）名则澐，福州人。早年以第一名的成绩毕业于无锡国专，1933 年毕业于上海光华大学，随之执教于该校。郭氏工古文，善诗赋、书法。与沈尹默、王福厂、白蕉、邓散木往还交流书艺，与徐燕谋（承谟）、徐承烈（熙载）昆仲及钱锺书、杨绛夫妇更是相交相知。邹绵绵先生函赠《晴湖诗稿》一册，由钱锺书先生题笺。

中国社会科学院

肖宜同志：

惠书由杨绛转示，敬悉一切。拙札实不值发表，足下先生后人既有此意，迳交贵报，我不杀风景。将错字及标点改正寄上，请登报。书後印呀

秋安

钱上 九月廿五日

杨绛同候

钱锺书致作者信

罗孚信札一通

萧宜兄：

　　最近事忙，一直没能为你写稿。但却替你争取到夏公的一篇《怀曹聚仁》。复印一份寄上。

　　这是夏公应曹雷之请，为他父亲一部谈诗的遗著写的代序。书名不记得了，可以打电话问曹雷补上。字迹不清之处，也可问她。她的电话是（略）

　　附信转水渭亭兄。

　　我明日去广州，与家人度春节。祝新春百福！

　　　　　　　　　　　　　　史林安　92.1.28

　　注：史林安又名罗孚，柳苏，本名罗承勋。1921年生于广西桂林。1941年在桂林加盟大公报，曾任香港大公报副总编辑和新晚报（即大公晚报）总编辑，还编过大公报、文汇报（香港）的《文艺》周刊和《海光文艺》月刊等。

季羡林信札二通

1

萧宜先生：

函悉，感谢寄赐征文启事。

我原来不打算再写纪念二战的文章了，因为拙著《留德十年》已经写尽。经你再三督促，翻看了一下日记，觉得可写者尚多，遂根据日记写了一篇。完全根据日记写回忆文章，尚不多见，在这一点上，我尚有可取之处吧！

今寄上，请加审处。即祝

撰安

季羡林
1995.3.27

2

萧宜同志：

来函奉悉。

今年因为同吐火罗文拼命，道心日增，文心日损，没有写什么散文之类的文章，序却写了几篇，我现在选择其中比较有点内容的一篇，寄上，请法眼审定，是否能为贵报补白。

北京大学
PEKING UNIVERSITY

萧宜同志：

来书奉悉。

今年因了一同志大罗文排斥，道心日增，文心日损，故有写什么散文之类之不幸。序只写了八篇，我记在送样书中比较有点内容的一篇，寄上，请注明审定，是否能另发表补白。

对笔会之支持，决不会松懈。

即祝

撰安

季羡林
1995·11·19

季羡林致作者信

对笔会的支持,决不会松懈。
即祝

撰安

季羡林
1995.11.19

金克木信札一通

萧宜先生：

　　二月初曾寄上一稿《北大图书馆馆长谱》，不知是否收到？如未收到，则作罢论，如收到又拟发，请务必避开北大"寿辰"，在四月初旬发刊，或移在他时，千万勿在纷纷祝寿之时，以免产生误会。提早寄出即以此故。收到寄来剪报，至3月20日尚未见刊，故函告。如不拟刊出，亦无关系，但若有违碍不便刊，则务请迅速告知，因此文已收入新集文稿，此时尚可来得及通知删改，再晚即不及了。我向不会作"寿序"，对北大只此文亦非"祝贺"，一望而知。有约者亦皆谢绝，此意想不需琐琐。

　　烦神预谢　　即颂

春安

金克木　98.3.26

注：寿序，祝寿文章。盛行于明中叶以后。

秦瘦鸥信札二通

1

萧宜同志：

稿件寄上，请指正，不妥处请代删改。如觉太长了，中间一段"从儿子杀爷想开去"抽掉也可以，不过我还是会肉痛的。一笑。

方才电话里，还是忘了询问一点：余仙藻丧父，想去香港吊祭，已走了没有？因她家的电话号码我已失去，请便中复我一电。祝工作顺适

瘦鸥　10.6夜(1990)

注：余仙藻，文汇报记者、编辑，曾任笔会主编。1959年我在文汇报实习时，她是我的指导老师。我1987年重进笔会工作，她也给我了很多帮助。其父余鸿翔，是文汇报创办人之一，后任职于香港文汇报。

2

萧宜同志：

您好。

折腾了一年多的拙作散文集幸已印出，三天前才

拿到,真不容易,为了要多弄点印数,连书名也改了这个怪名,不改书店不同意(原名"淮西乱弹")。现附上一册,聊博一笑。

我那首歪诗蒙大力支持,硬轧了出来,歉感无言。

《程砚秋》稿改动了几处,也加进了一些掌故性的小节,比前稿约多三四百字,不知是否太长了?

祝健康顺适

瘦鸥　11.16(1991)

注:散文集即《海棠室闲话》,此信即随书寄来。

舒芜信札一通

萧宜先生：

　　惠函敬悉，顷已草成小文，另函寄上，请审正。

　　最近发现聂绀弩翁逸诗二十余首，未曾见于任何版本的诗集的，很有发表的价值，随函附上，请考虑。今年三月二十六日是聂翁逝世十周年纪念日，如能发表作品纪念，是很有意思的。耑此即颂

编安！

舒芜　1996.1.14

黄宗江信札二通

1

萧宜兄：

前晚（3.19）新晚刊我小文《人生很短，邮路恨长》，或已阅。上周新晚与中国日报均转我信箱，惟文汇犹迟迟遮面，奈何，稍待总有望了。

已耽误不少传闻的笔会佳文，我也懒得去资料室查阅，书铺更是难得去了。阅"文汇读书周报"上的广告又一大痒。很想请你们买买书，但太多了也买不起，又要麻烦你们买寄。就蒙你就近代购两册上海的书吧！

余秋雨《文化苦旅》

林放《未晚谈》二册

或需待再版，或你们有同行门路，请新晚卖我个面子。

谢谢了，所需请代扣稿费。

最后提件正事，《上海一家人》文，最后一段，请加数字（见红笔）：摄像，美工，作曲，"制片、化妆，尤其是女主角各时期的发型设计"，原还想加一段其败笔，写革命者赵正此一人物，太费劲了，算了，此文就歌德到底吧！此片论文即出专集，余秋雨、梅朵文已寄到，我文或为序文。沪上各报如何安排，你们随便吧！你看了吗？确实大可一看的，为上海电视争气之作，纸尽容后。

非上海人　92.3.21

注：此文《〈上海一家人〉赞》刊1992年4月2日文汇报笔会，马达看了也大加赞赏。新晚，即新民晚报。

2

萧宜/渭亭兄：

云游蓬莱归来，明日赴大连评电影金鸡，间隙得二公赠简并小冬小照，红楼清样，深感关照之情，此可谓撰道乎！

多年来我最不敢当"评论家"，却有欲罢不能之势。且坐京城捧上海（上海却胜一家人）也好玩，一笑。

余秋雨君已寄赠我一本他的《苦旅》（我和余至今未见过面）和先贤林放（也是我温州乡贤，也未见过，听说他还称赞过我），他的书能搞到一两种吗？

我这人也不会写杂文，因为我也有梨园旧习，喜捧人，不善骂人，但也忍不住骂几句。我这几篇小文，你们可能过眼。内中"邮路恨长"真把我气坏了，害得我一季度未能看上文汇与新民。发此文后，人大转邮总局，又转分局，他们怕扣奖金，才登门道歉改正。但一个多月来，《文汇电影时报》又不见了，又在扯皮。请顺便在办公室找一下罗君女士，请她复印一下我的订单（寄沪报销）寄来，以便我和当地邮局继续作战，夫"兵僚主义"亦大患也。

行前匆匆祝撰安

宗江　92.5.23午

注：

这是一封写在复印纸上的信。《人生很短，邮路恨长》是说他从什刹海搬迁至八一电影厂干休楼时，为转邮各种报章所遇种种烦心事，甚至为此要复印文汇电影时报的订报单据为证，与邮局继续"作战"，这可爱的老头是真动肝火了！

文汇电影时报由梅朵等创办，电影时报的刊头由萧宜请书法家胡问遂题写。后罗君曾任该报主编。后停办。

舒湮信札三通

1

萧宜同志：

十二月二十七日大函收悉。

八十衰翁每逢冬令就是"闯关"。去冬深圳"创作之家"归来，大病一场。到十一月初又罹感冒，卧床四十余日，今方复元，仍足不出户，畏寒也。

承嘱撰写随笔一事，自应勉力从命。现将原欲寄"夜光杯"二文奉上（我已另寄他作），不知合格否？

《南宋的国宴》一文意在讽谏目前国宴的珍馐美酒盈席，钓鱼台及贵宾楼一桌并非罕事。反观撒切尔夫人昔日招待我国家领导人，菜色仅二道，外加点心咖啡而已。最近友人归国云，有个国家的外交部长招待我大使夫妇家宴，只一道夫人亲手烹制的烧牛肉及甜点饮料，人家并不以之为慢客。我意请您将上意添一小段加进去，以点出文旨，如何？我体虚弱，不多写了。

祝新年好

舒湮　94.1.1

2

萧宜同志：函悉。

我上月因气候闷热，心脏宿疾夜间突发，当送附近医院急诊，经抢救脱险。但至今匝月，时有反覆，近日稍稍平稳，而肾脏又出毛病，双足浮肿未消。医嘱服中药调治，上周偶精神尚佳，即为某刊物写《红土店》随笔一文，原期千余字交卷（回忆旧居所在邻人伶界前辈名角雪艳琴、秦凤云及健在的杨秋玲、杨春霞等），不料一泻如注，竟日之下，一气写成四千字。翌日又病倒。（此稿正待向关系人索取照片，尚未付邮），所以近期无法执笔为文了。

我有《食肉不吃荤》一文，托"新民"之邓传理转"文汇读书周报"陆灏同志。请即商之陆同志，可否移交你刊，如陆不允，可否同时发表？但我只取一处稿费。此文我写得用功较勤，参阅佛经多种并与专家讨论过，认为内容扎实，非信笔之作也。

《名家随笔》甚佳，但高手固多（我不在其中），而平庸之作亦间或有之，似够不上"名家"。昔人云："名器不可滥"，洵然。

近见《笔会》伍立扬之《心情……》(8.14)及唐振常的《刘公岛上念甲午》(8.18)，深获我心，为近来不多见之力作，不知二位何许人？我对"农民革命"，向有个人看法，认为未改变生产关系，结果是"以暴易暴"，"彼可取而代之"也！如李自成、洪秀全之徒得志后荒唐腐化，可知。诚如唐文新谓："极而言之，太平天国成功了又如何？恐怕是文化大革命将提早百年发生，不会等到1966年才爆发了。"私见，如洪氏家族取得天下，那末孙中山领导辛亥革命的对象，将是洪家王朝而非爱新觉罗了。我对曾、左、李也有看法，以为往者全盘否定是过左了，俟将来有暇或为文叙述个人见解。

我出院后将专心致力于完成回忆录（仅写了一半约35万字），

但某出版社要我资助万元,且买断电影、电视摄制权(因电视台认为是大好题材,拟投资百万拍片)。如此苛刻条件,势难接受。它处则以销路无把握,不拟出版。至今未找到买主。匆颂
文安

舒湮　8.28(1994)

注：伍立杨,曾任人民日报记者、编辑,后任海南日报副总编辑、海南省作协副主席。

3

萧宜同志：

　　4月21日函悉。拙稿关于南京抗战事,因你刊谨慎交人审阅,甚佩编者和谢君的认真态度,使我受益不浅,当时窃以为战地记者所知未必如当事人的全面。为追索究竟而进一步找到文强先生(当时在大本营参谋本部工作)谈了四五个小时,又从而踪迹其他参战将领的遗著,卒成修订稿。由于南京之败根源于8.13淞沪之战战略上的错误,导致损军过半,而影响南京的"全军覆没"(杜聿明语)。所以不能不提8.13事。因而篇幅拖长了。因时效问题,恐你刊有为难之处。我能理解。我相信这是具有"权威性"的报道,又唐生智的谈话又是第一手资料,是否可用"纪实文学"形式发表？

　　又上月,南京光华门守将幸存者钮先铭之子则坚(美籍华人企业家,在申港均有机构)过我,谈到乃父生前所说的,适如我在《新民晚报·五色长廊》专版发表的拙作情况。足以说明拙文是信史。

　　如能付刊,鄙意可将题目改为《历史的欷歔——纪念六十年前中日之间的沉痛往事》;由于胡锦涛副主席这次访日,对桥本首相

谈到中日关系,首先提及日本的应正视历史问题,桥本答称:愿深刻反省;也是"前事不忘,后事之师"的意思。可否缀以"编者按"说明"今年是中日建交××年和缔结和平条约的××年,江泽民主席秋间将以中国国家元首名义第一次正式访问日本。为了中日两国人民的永久和平友好相处,本报(刊)特发表舒湮同志此文,'以示前事不忘,后事之师'……"云云。这样一来似乎即弥补了文章的"时效性"问题了。不知你刊负责同志认为可行否?

又我考虑到:此文是否会产生"副作用"?即为蒋介石"评功摆好"?我认为,如有人有这看法是过虑。因为党中央也承认蒋在抗战前期是抗日的,这是抹煞不了的历史(如台儿庄战役电影中对蒋的正确评价)。又片中有一个镜头,蒋在雨中对部队将领讲话,侍卫以雨衣披蒋肩上,蒋立即拂去,因见聆训的将领们均冒雨肃立也,这个镜头并未因怕恭维蒋的嫌疑而剪掉,当时事实如此,可见我们党是实事求是,尊重史实的。如有担心顾虑颂蒋见解的同志,可以冰释疑虑了吧?

当然,我不勉强你们必须刊用,可以进行必要的修改,即使退稿也无妨,即致
敬礼

舒湮　4-28　(1998)

注:舒湮即冒舒湮。江苏如皋人,先祖为明末四公子之一冒襄(辟疆)。其父冒广生(鹤亭),近代著名学者。

赵清阁信札五通

1

萧宜同志：

《月圆人寿》照片找到了，甚清晰，此字未曾发表过，读者一定乐见，惟恐博物馆有意见耳。寄上查收。免得你跑一趟，路太远。

《鼠烛图》照片已找不到，即使找到也不适用，盖照片乃彩色，报纸印不出好效果，红烛印黑色有损图像，不如不用。

再者原稿 8 页第 23 行"特地写了篆体字月圆人寿四个大字的条幅送我"请改为："特地从柜中拿出一张早写成的篆体月圆人寿四字的条幅送我"。因前者似乎是临时写的，经回忆乃柜中取出，从题款可以看出"辛卯"乃已写就的时间，为 1951 年，"清阁女弟子论言"是后来补题的。《鼠烛图》系 1952 年所画，字不是同时写的。费神谢谢。此文限于篇幅作了压缩，还有些轶事只好不写了，很可惜。

清阁　6.8(1992)

我本周要去医院作定期检查。

2

萧宜同志：

新年好！

谢谢你的案头日历，其实我已经买了，害你浪费。

两月来我一直小病缠绵，为患头晕，什么事也作不成，在编辑的敦促下勉强写了两篇小文，"读书周报"上的一文想已看到，那是有感而发，但并非完全为自己写的，也许会触犯出版界，由它去。

你的约稿，写不出，也不想写了，如能写成其他小文，当寄上，暂欠着。最近拟为《新文学资料》写篇回忆录，已积欠久矣！原定今年封笔，看来很难！

新年没买到贺卡，捡出被"扫"过的旧作小画一帧（62年作）有点新意，赠博一粲！萍萍的文章首先是她和编者感兴趣的，标题使我脸红！其次写了些我的生活情况，写得稍嫌直露，会给我带来麻烦，我理解她的好心，但她毕竟不太了解我（不必告诉她）。

此信收到给一电话。免念。

注：此信未留日期，信封邮戳为 1993.1.3。

3

萧宜同志：

送你一张文革时的旧作，友人在香港印制，尚有一点新意，画不足观也。

十九日文汇报请再寄我一张，我集结散文集用。那张照片复印件也还我。

赵清阁　93.12.23

注：附寄画片泛雪访梅图,清阁作于1966年上海华楼。上印：赵清阁泛雪访梅图,北山楼制贺画史八十寿(1993),北山施舍,中国上海愚园路

画片内芯赵先生有诗一首：

雪飘大地洁,

梅开万象新。

日月兴正气,

扁舟报早春。

二十七年前遭愁旧作,友人为余在港印制贺寿,画不足观,尚有新意。题赠萧宜同志留念并祝新年春节吉祥如意。

赵清阁　93.12

4

萧宜同志:

近来白内障发展,读写已不行了(爬格子生涯该结束了!)。这比手臂半残还痛苦! 医生劝我开刀,但我一提"开刀"就怵然。

连日趁尚未瞎,赶紧写了一篇记友情的小文,它不同于一般的悼念文章,我是想写成散文诗的体裁,"言志"也写出画的意境,你一定看得出。如能补白,最好年前刊出,不勉强。

上次的稿费请代领了,转赠萍萍50元作为"压岁钱",让她春节买点营养品。

我寄汇不便,谢谢代劳。匆祝

春吉

清阁　94.1.27

执笔不易,为恐遗失,只好挂号。

5

萧宜同志：

纪念洪老诗已刊出，谢谢你的帮助。

诗拙劣，为聊表对一位终生献身文艺、卓有贡献的百岁前辈之缅怀耳。以"文汇"侧重文化，故愿借助一角宝贵篇幅，于洪老稍作宣传。而经久未发，手边又无底稿，故一再烦请查还，幸未遗失，承支持刊出，至感高谊！洪老地下有知，亦必含笑欣慰也！

我每写这类文章，似还友情债！心情却很沉重。然亦为文史补阙耳。

编祺不一

赵清阁　95.4.6

注：洪老即洪深（1894—1955），戏剧家，字浅哉，江苏常州人。早年留学美国，1922年回国后在上海从事戏剧活动，三十年代参加左翼戏剧运动，曾任复旦大学教授，领导复旦剧社，戏剧协社，并参加了南国社，对中国现代话剧的形成和剧场艺术水平的提高有较大贡献。曾创作剧本《赵阎王》《五奎桥》《香稻米》《包得行》《鸡鸣早看天》等。

王朝闻信札一通

萧宜同志：

来信收读，很高兴。只要能公开此稿，四千多字分两三次发表（只要不隔期），比在刊物上发表要数月之后才能与读者见面总好得多。

商业化影响了"雅"歌被流行歌曲挤得缺少与观众见面的机缘，向我约稿的编者要我写短文，我总觉短文不是我的长处。我也不爱读长文，但要像古人用几百字概括要谈的问题，而且谈得较有"可读性"颇感力不从心。这篇压缩了的稿件未必和读者的兴趣吻合，不妥之处请改动。

很抱歉，我的字迹越来越难认了。也为家属们和医生结为一体，反对我啃桌子而不做雕塑或作画写字，都不帮我抄稿了，（当然他们自己的事也忙乱），所以我把自己的原稿用"去字灵"与浆糊并用，剪刀与涂墨的笔共舞，但稿纸仍有老太婆脸上的脂粉，难看。这样寄出的原稿，排字工人说怪话我听不见，编者的你难免要受到抱怨。因字迹草草，排字难免出现错，拜托责编和校对尽可能避免出现错字。特别是引文，若有损于鲁迅先生的原意，地下相见时他要责怪我的。

大约同年友辈逐渐作古，前天又听到一位诗人病危的不幸消息，自然规律不可抗拒，"地下"作协的人数逐步上升。但我相信，那时候至少要减少"包装"别人的麻烦，庙里鬼判的笔是木头做的，反正不过摆摆样子，鬼判不会要新鬼如我"包装"他的。

再见！

王朝闻　2月27日上午

注：此信未写年份，封套也已经找不见，但从内容看，应在1994年。

董鼎山信札三通

1

萧宜先生：

　　昨日收到一批《笔会》剪报，很高兴，看了至少对贵刊内容有些眉目，特此致谢，顺便又附上短稿一篇，因我相信您所要的是比较短的，关于美国生活随笔，以后也必一试，但是我的兴趣接近文学。

　　四十余年前曾在柯灵主编的《笔会》露过面，今日能再见报，很有感慨。发表后望赐寄剪报为感。稿酬请寄北京董乐山，此请

编安

　　　　　　　　　　　　董鼎山　6月4日（1988）

二周前曾寄《作家……法官……》，谅已收到。

2

萧宜老弟：

　　收到您9.16所寄的剪报与信，多谢。

　　您所提出一套"笔会文丛"，我当然非常赞同。多年来我积集了很多文稿，未成集子，您给我的机会太好了。我将立即着手剪集，拣挑一些较为可读者与没有时间性者。二十万字不成问题。前在"笔会"所发

表者(及以后)当然也请取用(是否要把您剪寄给我的寄还?)请告出书详情、日期?

我 9.18 寄出的"爱伦堡良心"一文想已收到,请向诸友问好。

董鼎山　96.9.29

3

萧宜老弟:

九月份寄上的二篇(爱伦堡、纽约文化界扫描)望正在陆续发表,希望赐寄剪报。

这里附上讨论诺贝尔诗人一篇,原想等收到剪报后再寄,但还是等不及而寄了,免失时效。

前日刚收到舍侄女自沪寄来的《走过半个世纪》,厚厚一册,读来真有意思,多谢!

你上次信中说要出"笔会文丛"。我已向乐山寄出大批文稿,请他先作挑选整理一下。他已收到,您可与他联系。

我准备明年五月回国一次,届时又可与上海文友欢聚,望出书也有所头绪。

此请编安,并向各位问好

董鼎山　96.10.31

注:董鼎山,1922年生于宁波,十七岁随家迁居上海,入复旦附中。为"世纪风""笔会""万象"等撰稿。

1945年毕业于圣约翰大学英国文学系。1947年赴美入密苏里大学,获新闻硕士学位,1952年入纽约"联合时报"。1964年在哥伦比亚大学获图书馆学硕士学位。有著作《董鼎山文集》《自己的视角》《纽约文化扫描》等。

董乐山信札一通

萧宜同志：

　　接到你寄来的笔会50周年约稿信，谢谢。

　　你的电话我已告之鼎山。但他行踪不定，下榻地点一变再变，最新发展是电影导演谢晋负责安排，可能在衡山饭店。他想见的文汇报朋友除你之外，还有周忱（电影时报）和陆灏（文汇特刊）等，你们几人如果可能可以互相联系一下与他约个时间。如果他一时没有给你打电话，你可先与他的侄女董颖文联系一下，询问他下榻何处。她是一定知道他的旅程电话的。匆此　祝

编安

　　　　　　　　　　　　　董乐山　3.23(1996)

注：董乐山，浙江宁波人，1924年11月14日出生于宁波，1999年1月16日病逝于北京。

董乐山1946年毕业于上海圣约翰大学，全国解放后曾长期从事新闻翻译和英语教学工作。1981年后调入中国社会科学院美国研究所，担任研究员。曾任中国社科院研究生院美国系主任。

我是先读过他的译著，很多年后才认识了他。那是在革文化命的时期，舞台上只有八个样板戏，书店

里也没什么好书可买。于是单位里每有内部读物可订购,我都不愿放弃(虽然有的书到手后从未翻过就处理了),这其中有一部《第三帝国的兴亡》,厚厚四大本,则让我认认真真地读完了。书虽读过,但从没留意译者是谁。直到认识了其兄董鼎山,才恍然:那部书原来是他(与另三人)译的。

  他的著译很多,另有一本也有极大影响,那就是埃德加·斯诺的《西行漫记》。中国社科院美国研究所称该书"是斯诺这部关于中国革命的经典性著作中文译本中翻译得最好、流传最广的一部"。这两部书都由三联书店出版。他编著的《英汉美国社会知识辞典》则是了解美国社会与文化不可或缺的工具书。

朱雯信札一通

萧宜同志：

　　施国英同志出国前，曾来信告诉我和罗洪，今后有关《笔会》的稿件，可以与您联系；前周徐开垒同志也来电话，如有稿件，可以直接邮寄给您，我们难得写稿，所以一直没有跟您联系。

　　这里有拙作一篇，请您指正；如果《笔会》认为合适，而嫌篇幅太长，则稍加删节也好；如不合适，则退回给我，或往废纸篓里一扔都行。

　　祝
撰安

朱雯　4.3(1991)

　　注：施国英，曾任文汇报笔会编辑，1989年末去了澳洲。出国前，曾专门写信给我，向我介绍她联系的作者，如浙江有黄源、章克标，香港有施叔青、陶然，北京有叶君健、楼适夷、牛汉、萧乾等。从朱雯、罗洪来信，可见她给我介绍的作者远不止信中所提诸位。这是我要特别感谢她的。

罗洪信札一通

萧宜同志：

　　稿子写了，附上请斧正！

　　我的右肩骨折已三个半月，骨头是接牢了，稍有错位，加紧锻炼，功能都可恢复，目前情况比刚拆去石膏时好多了，但还是不能用右手吃饭，不能写字，我是用右手握笔，用左手两个手指推动，人必须站着才写了的。因为如果坐着，右手靠在桌上只能三四分钟，必须放下休息。不多写了，祝

大安！

罗洪　6.14(1996)

　　稿件如不符合要求，请退回。

　　注：罗洪，1910年生，上海松江人。1930年开始创作。曾任《上海文学》《收获》编辑。著有长篇小说《春王正月》，短篇集《儿童节》《活路》《鬼影》《这时代》《咱是一家人》《践踏的喜悦》《群像》《逝去的岁月》《孤岛岁月》等。

孙淡宁信札一通

萧宜兄弟：

　　寄上台湾远流出版社印《狂涛》清样中序稿，请查收。

　　今年在外奔跑日子太多，暂时要休息，稍过一个时候，当给你写稿。草草　　即颂

近安

孙淡宁拜
11 月 17 日（1988）

　　注：孙淡宁笔名农妇。1942 年毕业于复旦大学新闻系，说起来还是我的前辈学长。毕业后投身抗日前线。后进香港新闻界服务达三十余年，1981 年退休移居美国马里兰州。

许杰信札一通

望权同学：

那天你与萧宜同志一道，前来参加师大中文系为我举办庆祝会，我没有好好的接待你们，真有点抱歉。我这里寄上一篇稿子，可能风格有点轻率，但这是我的具体感受，只是如实的记录事实。希望你能替我介绍，交萧宜同志主持的"笔会"发表。这就拜托你了。

专此，即致

敬礼！

许杰　89.10.9

再者，我没有复稿，如不刊用，希能破格寄回。再拜托。又及

注：望权即孙望权，文汇报记者，长期跑文化艺术一条线。后编《新闻记者》杂志。

许杰先生托孙望权转我的一稿，题为《我新近出了本散文选集》。文章叙述出书过程种种的甘苦，如要作者自己销售一部分，书销不出，堆在房内占地方，房又小，为此烦恼不已。该书即《许杰散文选集》，为上海文艺出版社1981年初版，1989年第二版第三次印刷。据说文刊出后读者认购踊跃，他家的"库存"很快就出清。

许杰,字士仁,浙江天台人,1901年生。曾入读临海省立第六师范学校和绍兴第五师范。师范毕业后到上海边教书边创作。他是我国新文学史上最早提出无产阶级革命文学的作家之一。抗战胜利后曾在震旦大学和同济大学执教,解放后先后被聘任复旦大学和华东师范大学教授。

魏荒弩信札一通

萧宜同志：

您好！文汇报四张收到，谢谢。拙作节删得宜，我不仅不介意，还要向您表示谢意。蒂克在上海的子女有三，假如可能，请给他们各寄一份，谢谢。他们的地址：（均略）

考萍萍（蒂克长女），考都都（其次女），考天笙（其子）。

最后我向您推荐考萍萍，她是一位发表了不少诗作的女诗人，如她向"笔会"投寄诗稿，务请您加以指导，匆复，并颂

暑安

魏荒弩
1990.7.6　北京

邓友梅信札二通

1

萧宜同志：

信收到，谢谢您对"那五"的鼓励，该剧后三集我没过问，是导演编的，故有的离于原构思之感。

您约稿，我当然愿意从命，只是近日俗务及稿债较多，稍过数日，有点闲时再动手可好？

我们在清查与学习，几乎每日半天，似乎比外地来得紧张些：我自前天起就不断呈辞职书，至今未获准，我希望明年能如愿，腾出更多时间去写作。问诸同志好

敬礼

邓友梅 11.20(1989)

注：《那五》是邓友梅的小说，主人公那五是八旗子弟。他的另一部小说《烟壶》也写八旗子弟，后被拍成电影《八旗子弟》。

邓友梅是老舍之后又一位京味作家。

2

萧宜同志：

早就收到你的信，因我正要去上海，就没有回信，

谁知到上海后,打了几次电话,阁下办公室都没有人,我陪外宾时间所限,就无法见到你了。

  阁下约稿,我当认真对待,近日还不行,我从7月3日至今天,一直在出差,先是北戴河,随后上海、广州、深圳,回京没两天又去山东。我前天从山东回来,4日又要去武汉了,等我忙过这些天,会记住你的指示的。

  问大家好

握手

邓友梅　8.30(1990)

叶秀山信札一通

萧宜同志：

上月来信及试版收到，杂事太多，迟复为歉。文汇报扩大版面，你们任务加重，但读者当会欢迎。祝你们成功。

我六十年代与贵报有不少交往，这多年，与报社没有什么联系了，如想到什么好题目，当给你们写文章。

笔会文章当以深入浅出为主，不过要做到这一点很不容易，文艺方面，一方面宣传我国固有文化传统，另方面也可介绍些国外的新艺术流派，作为欣赏指导，以便扩眼界。

我们那套小丛书即将出齐，我的那本已印出，等再拿到书，当给你寄一本，请你批评指正。

以后多联系。专此　即问

编安

叶秀山
1991.11.19

注：小丛书即"美学袖珍藏书"，由叶秀山主持组织编写，共十一本，人民出版社出版。说起来，叶秀山与文汇报的关系不浅。上世纪五十年代末至六十年

代初,他就为文汇报写过不少文章。

他当时用秋文笔名,他除了撰文从审美范畴通论喜剧外,我更记得他写的谈欣赏京剧的几篇长文。那时我正当学徒,编笔会,那些文章当时我都拜读过,印象很深。

1987年我重入笔会后,又同他取得了联系,也去中国社科院哲学研究所拜访过他,请他写稿。但又觉得他研究的是大工程,写笔会文章,对他似乎有点大材小用,看他又是那么的忙,怕耗费他的精力,我便没有十分的催逼他,故他为笔会写的文章不多。

中国社会科学院哲学研究所

萧宣同志：

上月来信及试刊收到，全部读完，深为欣佩。又记起扩大版面，将给你增加压力，但仍然是表示欢迎，祝你们成功。

我与十年代名家辈出的少交往，这多年，上般北没有什么联系了，写不到什么像样的自传给你寄上来。

等今后专业以深入浅出为主，与世面微妙道一些稿子寄去，也是好。一加强使我国文化传统方面与今后这国外的新善思想结合，作为你专栏的，以保扩版号。

我们的书，以后等印好也寄一本我以前的已印出，当再寄一本，也给你寄一本，请勿赐神指正。

以后专请教。专此问问

编安

叶秀山
1991.11.19.

叶秀山致作者信

赵丽宏信札二通

1

老萧：您好！

寄上改样，请查收。谢谢！

袁鹰在我和您通话的当天下午就离开了上影文学部，第二日返京，估计您已无法和他联络了。不过我已代您向他致意。匆此

握手

丽宏
十一月十二日（1990）

2

老萧：您好！

久未联络，近来可好？

我最近开始用电脑写作，不亦乐乎。寄上在电脑上写出的《麦积山》，请指正。（去年去麦积山时，曾拍了一些不错的照片），倘能用时登照片，我再寄上几幅？

上次家具征文，因没有好的想法故未写，乞谅。

有空盼来一叙，看看我的电脑。暂此

握手

丽宏
三月十七日（1993）

陆文夫信札一通

老萧：

　　元旦前后收到你的约稿信，当时也想不出有何可写，近日偶成一篇，奉上。你大概对我是否有稿来已失去信心。

　　祝好

文夫　5.10(1994)

　　注：陆这次寄来的一篇稿，即《脚步声》。

　　最早请陆文夫写稿是1988年2月。89龙年将到，笔会决定龙年谈龙，约请属龙的作家各写一篇文章。记得有碧野(1916年生)，陆文夫，黎汝清(均1928年生)和叶永烈(1940年生)。

　　2月10日我专程赶往苏州，登门求稿。这类应景文章，他本不愿写，后勉强答应下来，要我第二天下午三时去他家取稿。

　　第二天，遵约三时到陆府取稿，题《繁而后荣》，是对新一年文学创作的期望。

刘绍棠信札二通

1

萧宜同志：

你好！来信及报纸均收到。去年八月五日，你曾给我一信，那天正是我中风偏瘫之日。一年多来，已有好转，但行动不方便，不过手中之笔，仍运用自如。我过几天给你寄上一篇两千字左右的散文。

另信，寄赠拙作《我的创作生涯》一册，略表寸忱。

握手！

刘绍棠
89.11.11

2

萧宜同志：

你好！

如约，寄上短文《坐家》。收到后，盼速回信，告之安排情况。因无底稿，不适用请急速掷还，以偿别处文债。

随信寄上我的创作生涯纪念卡一帧。

感谢杨秋宝同志为我画像,很像。
握手!

刘绍棠
1989.11.15

周慧珺信札一通

萧宜同志：您好

　　昨晚因有事，回家迟了。《文汇增刊》已收到，谢谢。上期的也及时收到，因懒，没有写信答谢，望原谅。考虑到可能不会经常遇到您，所以把钱随信寄奉，麻烦之处，不胜感激。

　　今后增刊由邮局发行，我就不再麻烦您了。有暇，请常来玩。

　　敬礼

周慧珺　80.8.19

　　注：周慧珺，浙江镇海人，其书法曾得沈尹默、翁闿运亲授。作品以用笔明快，章法奇妙著称。任上海中国画院一级美术师，曾任上海书法家协会主席。

　　文汇增刊，即后来的文汇月刊，后奉命停刊。

华君武信札二通

1

萧宜同志：

示敬悉，《笔会》要转载拙文，不胜荣幸，就怕降低《笔会》水平。

此文在《音乐爱好者》发表以后，音乐家李群（李焕之同志爱人）对我说，当时她也参加了那次演出，也听到了一声大吼，但不知道是谁喊的，现在才明白是你。

可否将此一段用什么形式附于短文后，可增加读者一点兴趣，以补文之拙劣。

如发表，请寄一份报纸给我。

我怕写文章，比画漫画难多了。如有当寄奉。祝
夏安

华君武

注：此信未署年月，应在1993年七八月间。《音乐与我》一文是上海《音乐爱好者》编辑李章向我推荐的。我当即去信征询华老意见，随得此回信。

2

萧宜同志：

很久不通信了，听说你也退了，不胜怅然。今日得手示很高兴。去年四月晨练不慎摔断了股骨头，动了大手术，换了美制钛金属的假骨头，人称"中美合资"，卧床四十天，可以扶杖而行。去年五月还去山东曲阜辛庄（1964年在那里搞四清）去看了当年的老房东、斗争对象。因为过火，向他道了歉，也了却一桩心事。和我同天断了骨头的林默涵现仍靠轮椅行走，现在我可不用拐杖行走一个半小时，我就算是运气了。

人老，距生活也远了，创作也就走下坡路了，创作数量、质量都下降，现在走入老年社会，报纸字小，电视广播说话如急口令，伙食虽然不错，但精神食粮就差了，这点不是老年人就体会不到了。

今年五月曾到上海杭州各住半月，亲眼看到有好有坏的一些现象也感触颇多，但因理解不深，作画也不成。

上个月有人提起你，我才知道你也退了，现在还在写些东西吧？我看了《赵超构传》（张林岚作）李庄写的《难得清醒》，写得真是不错，这些都是老报人，再看现在的一些记者，又像变成"无冕之王"了。瞎扯太多。祝你

健康

华君武　2001.7.21

宋琦问好

中国美术家协会

萧宜同志：

　　所有均收,和夫人连东老册和牌一块,此事早已忘掉,所以不会骂人。

　　2000年晨练太极拳,不慎摔断股骨头,动了手术,换了钛金属的假骨,人称我是"钛合金"。

　　现已可不拄拐杖行走,可称大幸,特告。敬

礼

华君武
20/6/2001

华君武致作者信

贺友直信札一通

萧宜同志：

来信收到。动身前回来后，没有给您写信是由于：之前护照签证临近飞机航班前几天才解决，走得匆忙，想回来后再写，所以失信，之后，是感到没啥东西可写，所以又失信。现在给您写信，首先表示抱歉。

这次去法国，前后只耽十七天，却走了五个城市，有的地方只耽一天，有的只是路过，真是浮光掠影，更因为语言不通，即使与人接触，也等于聋子哑巴，提些问题三言两语而无从展开和深入。我懂得这样出去是很难得的机会，应该向国内作些介绍，但是我在这方面非常迟钝，确是感到没有值得说说的体会。给报纸写东西，不像在小型座谈会上发言，再说笔会里的文章，讲究文采艺术性，这方面我的水平更差了。由于这原因，我恳求就免了吧。如果因此而责备我无信，我接受。致
敬礼

贺友直
3月22日（1988年）

晏明信札一通

萧宜同志：

您好。大札及退稿早收到，给您添了麻烦，感谢您的关心。《周末》编者丢了那篇小稿，我向作者解释一下就算了，反正已过时了，只是给您添了麻烦，于心不安。您真是一位好编辑。相识恨晚。

我退休下来后，很难读到文汇报，绍棠写的那文章，我直未见到，如方便请寄我一份，不方便就作罢。

老友魏荒弩兄写了一篇缅怀亡友诗人蒂克的文章，2 800字，蒂克兄也是我的老友，他一家人现仍住上海，夫妇双亡，五个子女，大女儿诗写得很好。读荒弩兄文章后，我流泪了。现将此文寄上，请您指正，如能争取发出更好，如不便，掷还我另处。您我是同行，此中甘苦均了解。还有一件事，我忘了感谢您，我写绍棠的小文，您批了高稿酬，愧不敢当！这大概是我生平拿到的最高稿酬，十分感谢！我那小文发出后，收到许多朋友来信，大部分不知道情况。何时来北京？来时，请务必电话告之，当约会畅谈畅饮。紧紧握握手。

晏明
1990.2.23

蔡瑶铣信札一通

萧宜同志：您好！

寄上照片两张，不知是否可用。那年在柏林照片拍的不多，我自己拍的大部分都是他们那个戏的剧照，去年文化局搞外事活动展览，拿去了几张我辅导的照片，所以我这里没什么太好的照片了，非常抱歉。

那天我给您提到的朱家溍和陈啸原老先生，我已和他们都打了招呼，他们都愿意为笔会写文章。您也可直接和他们联系。祝

吉祥如意！

蔡瑶铣　91.12.31

注：蔡瑶铣，1961年于上海戏曲学校毕业后，入上海京昆剧团。我与她于"文革"时期相识，当时她在上海京剧院。后入样板戏"海港"剧组，李丽芳与她分饰方海珍AB角。之后她去了北方昆曲剧院。

她给我的这篇稿子1992年1月16日刊文汇报笔会，题《传艺柏林》，写她1988年赴柏林高等艺术学院传授昆曲艺术的经过和体会。

朱家溍，北京故宫博物院研究员，文物专家，对京昆戏曲也极有研究。

史依弘信札一通

萧宜先生：您好！

最近秦瘦鸥先生给我介绍了您，说您很关心戏曲，也喜欢欣赏京剧。现正巧我在元月2日晚上在兰心剧场（上艺）演出《虹桥赠珠》，我买了两张戏票，邀请您前来观看，并希望得到您的指导。此举冒昧，见谅！

祝好！

上海京剧院二团　史敏
92.12.30

注：史依弘，原名史敏。秦瘦鸥很赞赏她，并曾撰文介绍过她。我曾看过她几次演出，并曾在怀念秦瘦鸥的文章中写到过她。

谢友鄞信札二通

1

萧宜同志：

您好！

新的一年又开始了,横向看一些大报的文艺副刊,我觉得还是文汇报的笔会好,层次高,该有学问的有学问,该活的活起来了,生活气息扑面而来。您,笔会编辑对工作的认真态度,也令我感慨,我曾在一篇发于别处的文中谈到过。

随笔《乡间夜话》寄上,请您教正。

我刚参加五次作代会回来不久,又要去北京,我的小说《三个旅蒙商》获奖,9日在人民大会堂颁奖。明早离阜,不赘述了。

拜个早年,祝您阖家春节愉快！

谢友鄞　97.1.7

2

萧宜先生：您好！

新写了篇随笔《棋证》,寄上请您教正。有一件事,不知能否得到您的帮助：这几年,我写了一些随笔散文,在咱们文汇报发过些,另在广东、北京、山东、湖北、湖南、辽宁等省市报纸、刊物上发过，一些曾被有关报刊转载，有的还获了奖。我整理了一下，计48篇，约13万字。我想出一本这样的集子，我从未出过这类集子，只出过小说集。我整理个目录，并附一篇作品，以便出版社参考。

不知文汇出版社能否提供这个机遇？或上海其他出版社？

因与您较长时间文字交往了，极有感情，所以冒昧求助！谨致深深的谢意！

敬礼！

谢友鄞　98.5.9

注：谢友鄞，祖籍湖南长沙，生于浙江鄞县，成长于辽西。曾当过矿工，1984年入辽宁文学院学习，毕业后调入阜新市文化局工作。其小说曾多次获奖，1988年被授予辽宁优秀青年作家。

汪浙成信札一通

水兄、萧宜兄：

　　两位好。

　　我和小钰上月底从宁波返回杭州，寄我们的增刊和稿酬，都收到，已转交董光同志，他嘱我谢谢萧宜。

　　这次五月离杭到10月底返回，整整五个月治疗，结局是令人沮丧的。整个人的情况还不如先前，急得我精神上都快崩溃了，也不知道怎么办好，坐以待毙，这不是我的性格，还要设法进行新的治疗。

　　增刊匆匆浏览了一下，总体的感觉不如文汇月刊，首先份量上就差了一截。当然你们诸公已经是勉为其难了。秋意渐浓，诸希珍摄。

　　保重！

浙成　11.6(1991)

汪浙成致作者信

王周生信札一通

萧宜同志：

　　近日完成一篇散文，自以为还可以，故寄你一试。我一向认为《文汇报》格调高，不敢贸然投稿。

　　如果你认为不妥，能否烦你将稿子寄还我。我刚刚搬入新居，地址是：上海复旦大学第二宿舍。

　　我们正在申请电话，待解决后即告你电话号码，欢迎你有便来我家玩，我至今还没与你见上一面。我除星期六上班外，余都在家。第二宿舍在国年路上，55号到国权路下（五角场前两站），在国年路101弄。祝

新年好！

王周生
1990.12.26

任惠敏信札二通

1

萧宜先生：

　　近安！信悉，报也收到，谢谢。

　　你处理稿子这样潇洒，是个经验很足的编辑。

　　天气凉爽了，你们那儿的温度也下来了吧？这回可以长长喘一口气了。大连今年特闷，一夏天我都没写作，现在可以坐在案前了，胳膊下面不用放手帕了。

　　我特喜欢文汇报，大连一般的单位都订它，如有需在连办的事，理当尽力。谢友鄞是我的同学。

　　寄上二篇小文，请指导。多次打扰，真不过意。
谢谢再谢谢。即颂
近安

任惠敏上
9.5(1991)　大连

2

萧宜老师：

　　近安。国庆节过的快乐吗？

　　大连秋高气爽，气候真好。这几年发生了巨大的变化，真正变成了一座花园城市。到处是草坪鲜花。

到处是欧式建筑,一楼一款式,简直艺术极了。欢迎你来作客。

张抗抗那篇文章(《文汇旧缘》——萧按)写的感人,我读了好几遍。你真是一位让作者敬仰的编辑。

整个一个夏季由于身体不好,我没有写东西。主要是头昏。现在才坐下来,答应了人家的稿子才开始写。另这个月我同时出二本书,均大 32 开,届时给你邮上。

我一个人的日子过的比较平淡,但心情比较好。我与任何人无争,任何荣誉也不要,无官一身轻,所以挺超脱。

萧老师,你编稿太辛苦,多到室外活动一下。写了一篇小文,请指教。谨颂

文安

任惠敏

96.10.4

肖文苑信札二通

1

萧宜先生：您好！

寄来的《五十年文粹》收到了，谢谢你们的鼓励！这是数百人共同耕耘半个世纪的收获，不管是见过面的还是没见过面的，能聚在一起，都是一种缘分，一种快乐，是一件很有意义的事。特别是在书后，看到您和水渭亭先生的名字，感到十分亲切。他从国外探亲归来后，还没给他写过信，请代我向他问好。

寄上一篇小稿，请您指正。记得还有两三篇小稿存您处。如估计难以发出，查找也方便，可退回给我，当再选新的寄去。祝
编安

肖文苑
1996.11.18

2

萧宜先生：您好！

2月9日信收到，知道您返聘期已满的消息。在这之前，我以为您没到这个岁数。我是1933年生人，可能比您大三四岁。

这些年有幸与您结识,获得热情的鼓励。每次收到信函,都感到有份暖意,读之如见故人。今后可能联系少些,但那份友情是不会变淡的。3月23日的报纸仍由您寄来,想您没完全离开编务,故这篇小稿,仍请你转达,并附上一函表示我的谢意。我与潘向黎同志尚未联系。目前在天津报上读到她的游记,文笔甚佳,留下印象。将来有合适的小稿,再直接寄她。代问渭亭先生好!

  祝
春安

肖文苑
1999.4.1

孙见喜信札二通

1

萧宜兄：

样报及信均收到，多谢。

平凹从北戴河回来，在北京签名售书，又在西安搞了活动，这几天肚子疼，找人治病。他临时住西北大学，电话……（萧兄：千万勿言是我告诉你的电话！他不让告人，若问，你言是听西安文联的人说的）。

也可打电话找安黎，安是他的联络员，写信仍写到西安市文联《美文》编辑部，安黎过几天就给他送一次信。

在《美文》他是甩手掌柜，他不管具体事，是挂名主编。

《废都》已引起颇多议论，文汇报是否发一些有水平的评论。

祝一切好

见喜 7.28（1993）

2

萧宜兄：

日前寄兄一信，想必收到。已同平凹讲过你的关心,平凹希望你打电话给他。

　　寄来这份材料,基本代表了陕西专家对《废都》的看法。平凹意思,若有可能贵报先把这发一下,以后怎么组织评论,他就想听取你的意见。

　　祝一切好

见喜　8.9(1993)

　　注:孙见喜,作家,陕西人民出版社文艺编辑室编辑。他专注于研究贾平凹,曾出版过《贾平凹之谜》一书。

伍立杨信札一通

萧宜先生：

　　收到你寄来的获奖证书和奖金五百元。深深感谢文汇报艺谭专版的提携。祝愿贵报办得更上一层楼。如到北京组稿，望光临敝社小酌。

　　颂冬祺

伍立杨　12.20(1993)

　　注：伍立杨，作家、美学理论家。1964年生于四川，1985年毕业于广州中山大学中文系。曾任人民日报编辑，后任海南日报副总编辑、海南省作协副主席。

王进珊信札二通

1

萧宜先生：新年好！

去岁累渎清神，备荷关注。近读大作，弥增钦佩！

日昨适以朱墨试摹汉宫瓦当一纸，随函寄奉，以博一笑耳。

率草不絮。恭贺新禧！

王进珊再拜
1990年元月2日灯下

2

萧宜先生：新春万福！

2月7日惠教，奉悉有日。春节以来，不无亲友来往，又复疏懒，稽迟作答，为歉。

得知足下为复旦校友，与张增泰兄先后同窗，尤为欣慰。我是52年华东高校院系调整，当年秋奉调复旦中文系者。在校曾任中文系写作实习，新闻系三年级中国古典文学课程。俱成历史陈迹矣。57年来苏任教，先在无锡，嗣迁徐州。蛰居淮北三十余年，虽未"息交"，亦已"绝游"矣。

辱承愿意相识，自知衰朽，惶愧之余，尤感振奋。

忝在同学同行，实已神交有日，容再俟便谋面。兹寄奉小传一纸，摄影一帧。皆去岁拙劣笔墨，老丑形态不堪入目者，聊酬雅意云耳。

　　日来方拟草写《申报·春秋》之始末概略，容再寄请指正。详容再及。

　　率草奉复。并颂春绥！

王进珊
1990.2.19

谢泳信札一通

萧宜兄：

你好！《文汇报》批评张紫葛的书，我很赞成，这本书可能确实有问题。

我又写了一则短文，也与此有关。如不合用，便中掷还即可。祝

好

谢泳
1997年2月20日

注：张紫葛的书，即《心香泪洒祭吴宓》。

谢泳，1961年出生，山西榆次市人，曾任《黄河》杂志编辑，主要从事现当代知识分子的研究。

记得是要找蓝翎先生刊于《黄河》上的一篇文章，我写信给杂志社寻求帮助，由此结识谢泳。

他曾赠我他的大著《学人今昔》和《西南联大与中国现代知识分子》。

后他受聘在厦门大学中文系任教。

刘江滨信札一通

萧宜先生：您好！

拙文《闲敲棋子落灯花》能在《文汇报·笔会》刊出，快慰莫名，不胜荣幸，感谢先生栽培！

我业余从事文学评论，承蒙不少师友帮助，文章得以在人民日报、光明日报、文艺报、文论报、当代文坛等国内几十家报刊发表。在一次获奖作品述评中结识了伍立杨，后来在文学报、名作欣赏等处评价了他的诗文，彼此成为挚友。他时常在您主持的"笔会"上刊文，并获奖，我为他感到自豪，同时也对您的"笔会"这个国内几家品位最高的散文园地生出向往之意，如今在您的帮助下，终于登上了这个大雅之堂，欣悦至致。

再次深表谢忱！另寄最近两期《散文百家》，请您一晒，并望不吝赐稿。

专此　恭请

编安

刘江滨敬上

94.5.11

陈逸飞信札一通

老萧：

　　您好。

　　匆匆寄上文稿一篇。此稿是我回忆颜老的几件事作为一篇短文，请修改。

　　我一月二十日左右回沪，望叙。

　　谢谢。

陈逸飞　1991.12.23

　　注：这次寄来的文稿，《一位老人，学者和前辈》刊1992年1月9日文汇报笔会。

　　可惜的是，正当他的绘画艺术和各项事业蒸蒸日上的时候，却天不假年，英年早逝。

沃兴华信札一通

萧老师,您好。

遵嘱寄上《敦煌遗书的艺术价值》。题目好像太严肃了些,但我想目前大家对敦煌书法还不熟悉时,就先从这一角度作些方方面面的介绍宣传。附上5张照片您挑选着用。这是我辛苦搜集的资料,用好后,请还给我。

我很想为笔会艺术版多写些文章,但长期以来侧重学术研究,行文干巴巴的。萧老师能否推荐一二本文笔较好而且适宜的著作,让我学习学习?

敬祝安好

沃兴华顿首

(邮戳 1992.8.26)

注:沃兴华,复旦大学文博系教授、博导,中国艺术研究院、中国书法院研究员。

书法学习从颜真卿、米芾以及明末清初诸家入手,上溯魏六朝借鉴民间书法及西方现代绘画的表现方法,熔铸陶冶,风格上强调对比关系,注重形式构成,具有鲜明的时代特征。

1973年参加上海市书法展览,以后历年有作品参加上海市和全国的各种展览。在书法研究方面出版的专著有《中国书法史》《书法技法新论》《书法创作论》《民间书法艺术》《书法构成研究》等三十余种。

你好，萧宜

徐成淼

刚进复旦，我就被安排在别的小班的寝室，也不知道是为的什么。那个寝室加了两张床，一张双层，一张单层，一高一矮，紧挨着直放在窗前。我睡在双层加床的上铺，单层床睡的是乙班的王同学。一天晚上，我睡觉不规矩，一骨碌从上铺滚了下来，不偏不倚，砰的一下砸在王同学的身上，他在睡梦中"嗯"的叫了一声。幸亏当时我人还小，没有把王同学砸伤。要是像今天这样的块头，就坏事儿了。

这之后没多久，学校就派来木工，每张床的上铺都加了防护板。当然不是因为我从上铺滚下来的缘故，而是听说北京某高校出了事，有学生从上铺掉下，摔死了。闻此我不禁后怕，要不是那天晚上王同学在下面充当软垫，我直接摔在水泥地上，不是摔死也得摔成个植物人。

不久之后，我调出了王同学他们的房间，到本班寝室住。那以后，和王同学接触的机会少了。到了出事之后，我和所有同窗都断绝了联系，更没有和王同学交往的可能了。

还得感谢彭正普，新时期刚一开始，他就热心联络旧时学友，编出了最初的通讯录。从通讯录上我得悉许多同窗的近况，包括王同学。上世纪八十年代初,我刚获平反,回上海探亲,就去看望王同学。我摸到虎丘路文汇报社,在门房打电话上去。我报了我的名字,他下来接我。在登记会客名单时,他把我的名字写成了"徐春淼"。二十多年了,他记住了我的三分之二。而且,要是真的叫"徐春淼"就好了,生命永远是春天。

他把我带到楼上他的办公室,两人长一句短一句地闲谈。一会儿到吃午饭时间了,他留我在食堂用餐。饭桌上有一只汤,汤里有黄蛤。我在大山里二十多年,除了粗粝之食,很难闻到海的气味。许是出于谦和,王同学说食堂的饭菜不行,他指着汤里的黄蛤说,这东西没什么人吃的。他这么一说,我就停了筷子,不敢再去捩我觉得挺好吃的黄蛤了。后来我把这个细节写信告诉邵嘉陵先生,先生回信说,他看到这儿掉了泪。

王同学约我到他在横浜路的家中坐坐,横浜路离我在吉祥路的住处很近,走走就到了。到了那里,他夫人在,他女儿也在,他夫人还端出汤圆招待我。我就又有了茫然之感,跑到复旦同窗的家中,吃着他夫人做的宵夜,这是当年我万万不敢想的。

这以后我和王同学有了书信往来,而且改称萧宜。1985年在市政协门厅的那次聚会,萧宜也去了。毕竟我和他曾同住过一个寝室,而且还有自上而下猛烈撞击的纪录呢。

我再度握笔后不久,《上海文学》就重新发表了包括《劝告》在内的一组散文诗,我于是又写起散文诗来。几年之内,我以全新的姿态写出了一批风格独具的散文诗,其中有几章,就发表在文汇报的"笔会"副刊上。萧宜对我的散文诗写作,给予了热情的支持。他还是那样地沉稳,那样地不动声色,而对作品,却自有准确的判断。

这以后又过了许多许多年,我一直没有机会再与萧宜君见面。

这次《六零通讯》印行,我才从相片和文章中,重新看到了他的影子。在人的一生里,大学时代是一个独特的时段。它会在我们心中,留下深深的磨灭不去的印痕。任时光如何流驶,也不会全然消褪。于是每当我回顾往事的时候,萧宜的面影总会不时地浮现出来。让人感到亲切,也感到一丝伤怀。

那么,在我们入学五十周年的日子即将来到的时候,让我借《六零通讯》的版面,向当年的同窗真诚地道一声:

——你好,萧宜!

注:成淼兄文中说,他被安排在别的小班住是记忆错误,当时我在乙班,独自一人被安排在他们丙班寝室,记得是二号宿舍217房间。住了一年时间,才调回乙班寝室。

后记

由于长期在文汇报笔会副刊工作,因缘际会,结识了诸多作家、艺术家,多年来频繁交往,累积了数百封书信。退休后,日有余暇,便作些整理;趁整理的机会,又阅读了几乎全部信函,师友情谊,充溢心间,便想编一本忆念师友的书。文汇出版社社长桂国强原是笔会时的同事,他很支持。有他的关心支持,我也更有信心。

所以这本书的主要文章,是退休以后写成的。这其中最早一篇是写沈从文先生。其实,对沈先生的采访是1987年11月,即在徐开垒、余仙藻两位主编动员我再次参加笔会编辑工作时的事,而文章直至我退休后才写成。最后一篇是范用先生。这些文章最初大都在文汇读书周报和东方早报《上海书评》发表过,一些文章还被《作家文摘》和网易、百度、新浪等处转载摘录。这要感谢徐坚忠和陆灏(安迪)两位朋友,没有他们的支持,我是没有一而再,再而三投稿的勇气的。他们的鼓励,提高了我写作的积极性。

还有一些文章是在职时写的,觉得与这本书的题旨还适合,便也收了进来。

历年所收师友信札,这里选用其中一部分,与读者分享。

在职时,我很少写东西。编辑的甘苦,当过编辑的人都知道,那是为作者读者服务的工作。一个负责任的编辑,他平时要看很多文稿和读者来信,要写许多回复作者读者的信,要物色作者拜访作者,要规划设计版面,甚至一幅插图,一个点缀版面的小头花都要亲自去张罗关心,所有这些,都要耗费大量精力和智慧。储安平先生曾为此后悔过。他在《编副刊自述》中说,"因为那次接受了那个职业(指在南京中央日报编副刊),我差不多毁了我所有的文字前途。"我绝没有与他相比的意思,但体会是相同的。其实,就我个人而言,影响写作的原因还有,看高手的文章多了,难免眼高手低,自己动笔时便顾虑多多;而在动辄得咎 因言获罪的那些个年月,思想上难免有很多禁忌和束缚。从我主观上说,我实在也是个懒散而笔拙的人,所以写得不多,秦瘦鸥先生为此就直率批评过我,还有赵丽宏、叶冈、余仙藻都在不同场合鼓励我,要我多写。现在能出这样一本小书,也要谢谢他们,他们的话,对我是督促鞭策。

我结识的师友还有一些,想写而没有写,是因为我妻突然患病。由于事出突然,我也无心于书的编辑出版工作,这些便全仗文汇出版社编辑的帮助。

最后,我要感谢我的妻子张炜,我能安心读点书写一点文章,都是由于她的支持,是她支撑了家里的一切。我的文稿,也大都是她为我输入电脑,然后由她发往报社编辑部。她是2015年7月8日,在毫无思想准备的情况下被收进医院,经第一阶段治疗后曾回家十天。她回家的两件急事之一,就是把我存在电脑里的有关文稿输入U盘,后我再把它送到出版社。她在病中还念叨:"你的书,我怕是看不到了。"听了她的话,我心里难受得无法言说。

当时,我还抱有希望,现今医学能挽救她的生命,我们全家也不惜一切要帮她渡过难关。但她在顽强抗争了五个多月后还是走了,可惜的是,她没有看到这本书的出版。现在,这本小书终于出版了,对我来说,炜是最最重要的,她走了,这书出不出已并不重要,只是因为这是她关切过的,也花过很多心血,这一本小书对我,便格外有纪念意义,于炜,也愿能聊慰她的在天之灵。

2016年6月12日四稿
2018年1月18日定稿

图书在版编目(CIP)数据

凭窗忆语：笔会十年师友录 / 萧宜著.—上海：
文汇出版社,2018.2
 ISBN 978-7-5496-2423-2

Ⅰ.①凭… Ⅱ.①萧… Ⅲ.①散文集-中国-当代②
书信集-中国-当代 Ⅳ.①I217.2

中国版本图书馆CIP数据核字(2018)第018560号

凭窗忆语
笔会十年师友录

著　　者 / 萧　宜

责任编辑 / 何　璟
封面装帧 / 张　晋

出版发行 / 文汇出版社
　　　　　 上海市威海路755号
　　　　　 （邮政编码 200041）
经　　销 / 全国新华书店
排　　版 / 南京展望文化发展有限公司
印刷装订 / 上海新文印刷厂
版　　次 / 2018年3月第1版
印　　次 / 2018年3月第1次印刷
开　　本 / 890×1240　1/32
字　　数 / 200千字
印　　张 / 9.25

ISBN 978-7-5496-2423-2
定　　价 / 38.00元